说服力

让销售回归简单

年轻人干销售去

—— 心理实战版 ——

文建祥／著

APTIME
时代出版

时代出版传媒股份有限公司
北京时代华文书局

图书在版编目（CIP）数据

说服力：让销售回归简单 / 文建祥著 . —— 北京：北京时代华文书局，2015.4
ISBN 978-7-5699-0208-2

Ⅰ . ①说… Ⅱ . ①文… Ⅲ . ①说服—语言艺术—通俗读物 Ⅳ . ① H019-49

中国版本图书馆 CIP 数据核字 (2015) 第 065036 号

说　服　力：让销售回归简单
著　　　者：文建祥

出　版　人丨田海明　朱智润

责任编辑丨梁　静

特约编辑丨董玲君

装帧设计丨胡椒设计　常美丽

营销推广丨周莹莹

出版发行丨时代出版传媒股份有限公司 http://www.press-mart.com

　　　　　北京时代华文书局 http://www.bjsdsj.com.cn

　　　　　北京市东城区安定门外大街 136 号皇城国际大厦 A 座 8 楼

　　　　　邮编：100011 电话：010-84829728

印　　刷丨北京艺堂印刷有限公司 010-61539678

（如发现印装质量问题，请与印刷厂联系调换）

开　　本丨710×1000mm　1/16

印　　张丨14

字　　数丨180 千字

版　　次丨2015 年 6 月第 1 版　2015 年 6 月第 2 次印刷

书　　号丨ISBN 978-7-5699-0208-2

定　　价丨42.00 元

目录

第一章　别说你懂说服 /1

别说你懂说服/3

成功说服的真相/7

不要妄想改变他人的初衷/11

人性的弱点——说服背后的7个心理学原理/16

说不来"漂亮话"怎么办/23

一定有你无法说服的人/26

第二章　做在开口之前——每一场说服都要精心准备 /29

说服必先确定目标/31

一招解除开口的恐惧/37

如何自我包装赢得他人好感/40

如何开口说出"好声音"/46

如何把话说得富于感染力/51

如何在谈话中信手拈来/54

说服也要精心策划——有效说服的5个步骤/56

第三章　说服：80% 是倾听，20% 是表达 /59

怎样听别人才会说/61

倾听的前提是有效的提问/67

说服必要了解的简易"读心术"/71

如何揣摩对方的"言外之意"/75

不要站着跟蹲着的人讲话/79

只说对方愿意相信的/83

如何表达更容易打动对方/89

第四章　别指望对方"讲道理"：70% 是情绪，30% 是内容 /95

这是一个"非理性"的世界/97

操控的关键是控制情绪/100

如何快速引起他人的兴趣/106

怎样防止对方的拒绝/108

如何拒绝才不得罪人/110

赞美的神奇作用/112

第五章　如何隐秘控制对方思路 /119

说服颠覆性的"ABC理论"/121

引导对方多说"是"/125

让你的想法变成对方的主张/129

激发对方的强烈需求/133

赞赏对方的优点和进步/137

请求也是尊重对方的表现/142

第六章　如何巧妙扭转对方观点 /147

如何巧妙扭转对方观点/149

先表扬，后批评的诀窍/151

第一时间承认自己的错误/155

不要轻易驳斥他人观点/158

如何巧妙指出对方的错误/161

巧妙编织委婉言辞/166

第七章　绝对成交：说服在销售中的具体运用 /169

迅速确定顾客的购买动机/171

有针对性地介绍你的产品/173

强化顾客心理需求，朝签单推进/177

销售中的报价策略/180

如何排除顾客的异议/186

第八章　对方最想要什么 /191

销售：所有顾客都想当VIP/193

客服：生气的客户从来不是对你生气/196

营销：用产品亮点吸引用户/200

策划：用平庸去征服挑剔的甲方/206

推荐序/PREFACE

世界是一个舞台，任何细微的台词变化都会引发戏剧性的不同。

——罗伯特·西奥迪尼

　　我与作者相识数载，或许是都曾从事过销售的原因，使我们二人一见如故。在几次接触的过程中，我们深感价值观的契合，更是以兄弟相称。这次有幸得到作者的邀请为本书作序，深感荣幸，首次阅读就被深深吸引，一口气阅读下来真是受益匪浅，感触良多。

　　有人说，说服力是一门艺术；也有人说，说服力是一门科学，而非艺术，其实这两者在某种意义上都说得通。因为说服力是一门语言的艺术，是用语言表达思想情感的一种巧妙形式，懂得语言艺术的人，也是懂得相处之道的人；同时，说服力又是一门科学，它本身拥有可供学习提升的知识技巧，它能通过各种学习方式得到提高，即使是不善言辞的人，也能通过学习某些技巧增加自己的说服力，而阅读本书就是一种说服力提升的最佳途径。

　　作者的上一本书《年轻人，干销售去》改编自个人经历，是一部小说形式的销售实践教科书，而本书则是一本专业理论实用手册。

如果说上一本书为我们明确了目标，那么这本书则为我们点明了成功过程中的必要技巧——说服力。

作者运用深入浅出的文字语言，以各种经典案例为线索，以人性为观察视角，从心理学原理出发进行主题论证分析，教授人们如何快速且隐秘地说服他人，并在此过程中自我成长，最终实现人生价值。说服力所基于的人类思维模式，是在漫长的岁月里进化而成，只要掌握了这些思维模式便可影响他人的行为，从某种意义上说，本书更接近于行为心理学的范畴。

说服力，在人的生命中越来越重要，在某种程度上决定了一个人的未来。当今社会，有不少人通过亲身实践证明了说服力改变自身命运的能力。如果说人生是一道无解之题的话，那最终一定不会是选择题，而是一道证明题。人们在成长过程中需要不断努力地积淀实力，从而证明自己的价值，说服力便是证明自己最好的方式之一。

正如作者所言："不懂说服力，一辈子干苦力。"我们不难发现，那些成功者们，总是口若悬河地讲述着自己、推销着产品，同时以良好的说服力服务着客户。不论是卓越睿智的商界领袖，还是学识渊博的儒雅学者，或者富有远见的政府领导，在公众表达上无不拥有一个共同点，即不凡的说服力。说服力能够证明他们的学识、修养及能力，进而让自己的想法得到人们的认同与信服。当你不愿意与人诉说时，没有人会了解你，你的世界也不会有任何改变；但当你渴望展现自己、展现产品时，你强大的内心、丰富的涵养以及做人的气度就会通过语言表达出来，也只有通过语言才能表达这全部。即使是博览群书、学富五车的人，也需要载体去展现。

2000 年的夏天，有个人告诉我，要赚钱就一定要做销售。他说，世界首富比尔·盖茨、富豪李嘉诚都是靠销售改变命运的。那时的我，才 17 岁，对成功完全没有概念。我从社会底层做起，当过工人、送过外卖等，最后因为销售改变了命运。在销售的过程中，我与所有人一样如无头苍蝇般四处碰撞、慢慢摸索。

在历经多次拜访失败之后，我开始总结与积累销售技巧，并深刻认识到勤奋也需要方法。我从靠苦力推销成长为以技巧说服他人，如果说销售是改变命运的最佳途径，那么说服力则是不可或缺的推动力。那段时间，我每日都会对着镜子锻炼自己的口才，注意表达过程中的言语措辞与脸部表情。通过坚持不懈的努力，我也终于变得能说会道了，更重要的是对人生充满了信心。在转变的过程中，我仿佛看见了另一个自己，其实"他"一直存在，只是过去藏匿得太过隐秘，未曾发觉而已。

作为环球领袖联盟国际集团创始人、中国招商模式创始人，我深刻明白说服力是一种自我营销的智慧，说服力改变了我的命运。

需要强调的是，我提倡学习与锻炼说服力，并非鼓励人们变得巧舌如簧，逞一时口舌之快，而是以善于言辞的能力与修养向人们更全面、更深入地介绍产品，同时更好地展现自己的真实水平。良好的说服力，不是快速辩驳别人的观点，压制对方，而是确保信息能够顺利且准确地被对方接收与理解。如果信息不能被接收与理解，交流便会中断，甚至导致误会的产生，进入沟通误区。说服力不仅能让你在人群中脱颖而出，而且能够消除隔阂，获得人们理解与认同，这在当今社会中尤其重要。因为语言的力量，便在于它能征服人的心灵，而人的心灵恰巧是世界上最复杂的东西。

我相信，现在仍有很多人与我过去一样，心里对某些事物有深刻的体会，或者对一件产品充满信心，但由于自己的拙口钝辞，难以表达出内心真实的想法，甚至开始怀疑这些产品是否真的值得推销，并不断地问自己："它真的好吗？如果好的话，为什么我说不出来？"可怕的不是你失去了机会，而是你开始怀疑自己，当挫败感不断袭来，你的心情甚至人生都会因此遭受影响。

如果你不想再与机会擦肩而过，如果你想向世界证明自己，改变命运，那就开始锻炼说服力吧！不仅是销售行业，所有的行业都需要说服力，说服力的应用尤为广泛，它不受专业与职业的限制。一方面，说服力以学识涵养及能力素质为根基；另一方面，当我们具备了较强的说服力，它就会促使我们不断去储备新的知识，在人生的道路上认真求知，两者相辅相成，最终实现完善与成就自己的目的。

我与作者都是因为说服力而改变命运的人，深知说服力的重要性。作者总结自身实践过程中的经验，将丰富经验沉淀为文字与人分享，这是我所钦佩的举动，而兄弟之情更是不必多言。

希望此书的出版能让更多的人改变自己的命运，并实现自己的人生价值。如我在文章开头所言，口才可以学习与培养，每个人都可以拥有出众的说服力，只要你阅读此书，不断地按照书中的方法训练自己，努力提高你的说服力，相信有一天你也一定可以语出惊人。

销售，改变了我的命运；

说服力，让我懂得如何离目标更近。

只有说服他人，才能成就自己。

李治成

2015 年 2 月 1 日于成都

自序 / PREFACE

销售是好工作，怎样做好销售？

自从 1995 年投身销售以来，我跑遍了中国 18 个省市，大江南北、黄河上下都留下了我的足迹。一路豪情，一路坎坷，一路的成功失败，带给我无限的感慨。在经历无数波波折折、风风雨雨之后，我仍然坚持认为：销售是世界上最好的工作之一。

——因为销售可以改变我们的人生。

首先，就个人成长而言，没有哪个行业能像销售这样全方面地提升我们的能力。

没进入社会之前，我们在学校的学习都是"虚学"，我们得到的只是理论层面的知识，可能一进入社会就会遇到"百无一用是书生"的尴尬。只有在社会这所大学里边干边学，理论联系实际地提升自己，这才叫实学。正所谓："纸上得来终觉浅，绝知此事要躬行。"

有人说："读万卷书不如行万里路，行万里路不如阅人无数。"我们从事销售这个行业，就是在市场上阅人无数。当我们一遍又一遍地向顾客介绍我们的产品时，我们的词汇量就会越来越丰富，我们的语言表达也会越来越熟练，口才自然就能锻炼出来，最终达到所谓"见人说人话，见鬼说鬼话"的境界。

其次，销售是一种"挫折教育"。

西方有一种很特别的培训机构叫"魔鬼地狱式训练营"，一期的学费高达5万美元。1971年，沃伦·巴菲特还没有成为"股神"的时候，他的父亲为他交了双倍学费——10万美元，把他送进了"魔鬼地狱式训练营"，结果在第一天他就被一个黑人教练打得跪在地上承认自己"不是人"……

为什么有钱人都要花钱跑去"挨打"？一些参加过这种训练的朋友曾这样对我说过：因为以前只是抓住某个机遇赚了些钱，他们深深地知道自己的成功是出于偶然的，所以常常担心自己的公司如果倒掉了会怎样；然而在培训中，他们经历了一辈子都没有经历过的挫折，忽然发现现实中所有的问题都不再是问题，所有的困难都不再是困难了。

其实销售就是一个免费的"魔鬼训练营"。毋庸讳言，销售是一项成功率不高的活动，绝大部分的销售都是失败的。除此之外，在外面跑业务、做销售，我们也会遇到骗我们，抢我们，故意刁难我们的"坏"顾客，甚至遇到一些不安好心的"色狼"顾客。但我们难道不应该感谢这样的经历吗？因为它也是一种挫折，它能够充分锻炼我们的观察能力、应变能力和沟通能力。可以说，销售就是一堂能教会我们如何应对挫折的人生课。有钱人要花5万美元受挫折，而销售员不用任何投资就能学到这一课。

前世界首富洛克菲勒说："把我所有东西抢掉没有关系、你把我剥得一丝不挂没有关系、你把我弄到沙漠里去都没有关系，只要有一支商队经过，我依然可以白手起家，重新成为一位亿万富翁。"

因为他就是白手起家做起来的。赚取金钱不一定有未来，赚取能力肯定有未来。而当你成为销售精英时，就拥有了白手起家的能力，那才是真正的别人偷不走、抢不走的财富。

当然，销售也不是那么容易做的。

如果把商场比作战场，销售就是你死我活的短兵相接。作为销售人，我们的对手是自己，是对方的负面思想！在每一场战斗中，我们都要集中全部精力，利用各种技巧突破重围。这时，销售的知识、心态和技巧将成为我们能否生存下去的关键。

在《年轻人，干销售去》一书中，我用自传性质的故事表达了我对销售的感情，我希望大家都能尝试一下销售。老话说："授人以鱼，不如授之以渔。"接下来，我要把如何做好销售，把自己多年销售的经验分享给大家。本书作为《年轻人，干销售去》的系列书，是一本专门讲销售心理学的书。后面我会推出专门讲销售技巧以及销售团队管理等方面内容的系列图书。

文建祥

2015 年 2 月 15 日于湖南

One

第一章
别说你懂说服

- 什么是说服?

- 《现代汉语词典》是这样解释的:"用理由充分的话使对方心服。"

- 说服真是这样的吗? 我们一直所理解的说服是真正的说服吗?

别说你懂说服

在生活中，我们经常会听到"说服"这个词。留心观察四周你会发现，说服几乎无处不在：销售员说服客户买东西，男生说服女生和他交朋友，领导说服下属用心工作，员工说服老板给提提薪水，父母说服孩子好好学习……几乎每一人次的交流中都存在着说服和被说服。

可见，说服应该是非常值得我们重视的一项能力。奇怪的是，说服如此重要，很多人却从没想到主动提升自己这方面的能力，他们似乎认为自己只凭着直觉就能说到对方心坎里去，或者干脆认为说服只是耍嘴皮子的功夫，要想成功还是得踏实做好自己的本职工作。

这种观点未免有些想当然了。

有人说："世界上 90% 以上的成功者都是说服高手。"这个数据无可考证，但我们也许能够发现，越是成功人士——尤其是商业上的成功人士，越有着非同一般的说服能力，尤其他们的演讲更是有着传教士般让人信服的神奇力量。

这就不难理解，为什么那些很有才华却从不把"嘴皮子功夫"当回事的人会一直被埋没，而那些成功者往往都是特别善于说服他人的高手。因为说服不但是成功最强有力的助推器，还是成功唯一的捷径。所以从此刻起，我们若想改变现状，就必须把说服重视

3

起来。

首先我们要知道说服到底是个什么东西。

先引用一下所谓权威的话。《辞海》《汉语大词典》和《现代汉语词典》是这样解释"说服"一词的："用理由充分的话使对方心服。"

看起来，官方解释为我们指出了说服这项活动的基本内容，还强调了成功说服的条件——要说"理由充分"的话。但是，如果我们仔细琢磨一下就会发现，这么解释说服似乎有些片面。

让我们先借两个情景来讨论一下。

两个人在路边下象棋——我们暂且称他们为甲和乙，其中甲君的棋力明显不如乙君，被逼得落了下风，每走一步都要苦苦思索一番。这时候，一个观众，丙君站出来对甲君说："嘿，你走的什么'马'呀——怎么不用'炮'换掉他的'士'？"

甲君疑惑地说："用'炮'换'士'，为什么？"

丙君指手画脚地说："你看，你上了'马'，他用'车'顶你一步，你只能退回来吧？然后他下一步就要架'士'将你，你的'车'怎么办？少了一个'车'，你只能乖乖认输了！"

甲君是个很要面子的人，见丙君说话很不客气，脸色很是难看，最后仍然坚持上一步"马"。结果，对方果然在两步之后"将"了他一军，顺便吃掉了他的一个"车"。丙君见此，不由在一旁叹了口气："唉，就这水平还跟人下棋……"

甲君听了勃然大怒："观棋不语真君子！用不着你在一边插嘴！"

在这个情景里，丙君扮演的是说服者的角色，而甲君则是一个被说服者。客观来说，丙君的思路是正确的，因为他准确预见了棋局的走向，而他说的话也可谓是"理由充分"的，但是，他为什么没能说服甲君听他的话呢？由此可见，有时候"理由充分"也未必一定能说服别人。

第二个情景是一个真实发生过的故事。

1981年，苹果公司在研发一款全新的Mac电脑时遇到了一个问题：Mac系统的开机时间太长了。追求完美的苹果创始人史蒂夫·乔布斯对此很不满意，找到了负责Mac操作系统的工程师拉里·凯尼恩，要他想办法把开机时间缩短一些。

凯尼恩是个资深的电脑系统工程师，他认为在当前的技术条件下很难再缩短开机时间了，而且他觉得，对用户来说开机时间长也不算是什么大问题。所以他对乔布斯的意见很是抗拒。

乔布斯对凯尼恩展开了说服。他盯着凯尼恩的眼睛说："拉里，如果能挽救一个人的生命，你愿意想办法让启动时间缩短10秒钟吗？"

凯尼恩一时不明白乔布斯在说什么，于是疑惑地看着乔布斯。

这时，乔布斯一边在白板上写写画画，一边说道："如果有500万人使用我们的Mac，而每天开机都要多用10秒钟，那加起来每年就要浪费大约3亿分钟的时间！3亿分钟，拉里，这至少是100个人的寿命！"

听了乔布斯的话，凯尼恩十分震惊。显然他从来没有从这个角度考虑过开机慢的问题。最终，他接受了乔布斯的意见。经过几周的努力，当乔布斯再次来到凯尼恩办公室的时候，他的团队竟把Mac的启动时间缩短了28秒！

在上面的故事里，乔布斯的说法固然耸人听闻，却并非"理由充分"。稍有数学常识的人应该都知道，像乔布斯那样计算时间，就和"5 条船加起来比 1 条船跑得快 4 倍"一样荒谬。然而事实却是，天才的工程师——凯尼恩确实被乔布斯的"荒谬之辞"给说得心服口服了。

也许有人要反驳，乔布斯本来就是凯尼恩的上司，他不需要说服，只要命令凯尼恩就可以了。但是我们可以看到，乔布斯给凯尼恩的命令是把启动时间缩短 10 秒钟，凯尼恩却缩短了 28 秒，这就是说服的结果。

以上列举的两个故事，一个说服者用"理由充分"的话说服对方，结果却失败了；另一个说服者用荒唐的话来说服对方，结果却成功了。这两种情况都明显有悖于词典里关于"说服"的权威解释，却没有得到"应该"的结果。

看来，我们很有必要认真探究一下"说服"的真相了。

成功说服的真相

要搞清说服的真相，我们就得先把上节中的两个案例仔细剖析一下。

他要的是面子

首先来看前面那个下棋的情景。

请设身处地想一想，如果把你放到同样的情景中——假设你就是甲君，你在一群人的围观下与一个高手下棋，结果陷入了困境，这时候丙君突然跳出来，指手画脚地告诉你该如何如何走棋，你将做何选择？

现在你面对着两条路：一是听从丙君的指点，一是不听他的。从理智的角度来说，听从丙君的指点是个明智的选择。因为你下棋的目的毕竟不是输给别人，既然这个人可以帮你赢，你就应该听他的话。

但是，尽管丙君棋艺高明，可他说话的方式太不留情面了，他的指点怎么听都像是生硬的命令，让你感觉很"不爽"，并且他还对你的棋艺颇有微词……如果你就这么听了他的话，周围的人会怎么看你？

7

——就算完全不考虑别人对你的看法，作为一个讲究"面子"的社会人，你能忍受一个既不是你长辈也不是你上司的人对你指手画脚、横加批评吗？

注意，这时你最想要的东西已经不是棋局的输赢了，而是保住面子——"你让我这么走我就这么走，那多丢面子？"显然，这时愤怒的情绪已经取代了理智，以致于你都要怒斥那人："观棋不语真君子！"——怎么可能还会听他的话？

所以，那个自以为是的说服者——丙君注定会在你面前遭遇失败。可惜他本来有着充分的理由可以说服你，却因为选择了错误的说话方式而招致你的反感，从而失败了。

从更深一些的层次来说，丙君失败的原因可以归结为：他根本不知道对方最关心的是什么。

乔布斯的"现实扭曲力场"

再来看看乔布斯说服凯尼恩的故事。

理性的我们应该知道，乔布斯关于时间问题的推论在常识上是站不住脚的，把100个人的生命跟系统开发工作联系起来也过于牵强。可是凯尼恩的想法和选择，却和我们想的不大一样。

下面，请把自己想象成凯尼恩，想象你正面对着乔布斯吧。

乔布斯先问你：你愿不愿意救人一命？你一定会下意识地点头同意。但是怎么救呢？乔布斯没有告诉你怎么救人一命，却借助一个牵强的公式得出了一个让你大吃一惊的推论：如果你不把电脑开机时间缩短10秒，就相当于每年浪费了100个人的生命！严重点说，如果你不按他说的做，就相当于在1年里害死了100个人！

1 年谋杀了 100 个人。哪个正常人甘心接受这样的指控？听到这样的话，你会不会从内心深处涌起一种深深的罪恶感？不要自欺欺人，不管你的心志有多么坚定，一旦有人用如此耸人听闻的罪业指责了你，你肯定会铭记终生的。

因此你会怎么做？你会拼了命地工作，力求把电脑开机时间缩短 10 秒，20 秒，乃至 28 秒……这样才能最大程度地减轻你的罪恶。

再回过头来看看你扮演的这个人的身份。

他叫拉里·凯尼恩，是一个来自硅谷的工程师，电脑领域的天才。不客气地说，凯尼恩比世界上的大多数人都要聪明得多，但是，他却被乔布斯用一段荒谬的假设和一个并不存在的事实给说服了。他那超人的智商跑哪儿去了？

聪明如凯尼恩，也会相信一件并没有发生过的事情，这是为什么呢？因为在乔布斯说出那番话的时候，他的内心深处产生了逃避罪恶的本能，或者生出了对"杀人"的恐惧。他那超人的理智被恐惧情绪取代了，所以才会被乔布斯说服。

乔布斯用言语刺激凯尼恩，与"下棋模型"中丙君对甲君指手画脚，其实都是在说服，只是方式和效果大不相同。其中，丙君因为言辞激怒了甲君；而乔布斯用言辞激发了凯尼恩的负罪感，从而攻破了他的心理防线。因此有人将乔布斯的说服力称为"现实扭曲力场"。

说服的真相是顺应对方的想法

从事销售的朋友或许都有类似的体会：很多时候，放大对方所担心的问题，往往更容易说服他达成交易。比如在推销保险时，如果销售员能够巧用言辞放大不买保险的危害，甚至于达到不买保险就会背上"对未来不负责任"之类的"罪名"，对方很可能会在这灾难性的后果面前屈服，答应同你签单。

通过以上剖析我们会发现，说服成功失败的关键在于能否捕捉到对方当下的想法——尽管这种想法有时并不理智。如果你能猜到对方的想法，再辅以适当的说辞，哪怕没有事实的支持，也能有效地说服对方。反过来说，如果你完全不知道对方在想什么，就算拿出1万个"充分的理由"，对方也不会听你的话。

至此，我们大概可以揭开说服的真相了：**说服就是顺应对方的想法，最终达到你想要的结果。**

不要妄想改变他人的初衷

我们先来看一个故事。

战国时，东周国遇到了一个大难题。原来这时正值春耕播稻时节，东周国急需涧河的水来作为灌溉用水播种水稻，没想到涧河上游的西周国却突然堵塞了河道，断绝了东周国的用水。东周君为此茶饭不思。这时，仍是一介布衣的苏秦自告奋勇地站出来说："臣愿意为君上出使西周国，让西周国放水给我们。"东周君马上答应了……

抱歉，故事一开始就被我打断了。在这里，我想给大家提个问题：如果你是苏秦，你会用什么理由说服西周国的君主呢？

注意，这时是群雄乱斗的战国末年，西周国和东周国是两个相邻的敌对国家，时刻都在想着打压甚至兼并对方。作为东周国的使臣，你要如何说服敌对的君主放弃打压你方的计划？可能你会使用如下的说服策略：

第一种，告诉西周君，作为邻邦应该和睦相处，共同对付外姓诸侯；第二种，以强硬的姿态威胁西周君，告诉他如果不放水，东周国就要发兵攻打西周国；第三种，做出让步，在满足西周君要求的同时尽量减少己方的损失。

如果我是西周君，我会这样应对：第一种情况，我不予理会，因为我本来就不想跟你和睦相处；第二种情况，如果你想动武，我会奉陪到底，因为我控制着你的粮食命脉，你种不上稻子，打起仗来国库消耗得更快，我则稳操胜券；第三种情况，我会狮子大开口，绝对不会给你讨价还价的余地，因为我的本来目的就是尽最大可能削弱你。

可见，尽管你的三种说服策略称得上"软硬兼施"，却很难说动西周君。因为一心要打压东周国的西周君很有可能比我还要固执。现在你还有什么主意？

让我们看看苏秦是怎么做的吧。

苏秦见到了西周君。西周君知道他是为东周君做说客的，态度很是傲慢。苏秦毫不在意，献礼完毕后，他对西周君说："君上的计谋失算了呀！您今天不放水给东周国，就是在逼着东周国富强起来啊！"

西周君听得非常诧异，忙问苏秦："先生此话怎讲？"

苏秦解释道："君上在春耕之时堵塞河道，不让东周取水播稻，表面上看是在压制东周，但您仔细想一想，如果东周被逼得太紧，下令全国改种麦子怎么办呢？君上也知道，种麦子不需要用很多水，一旦东周改种了麦子，就再也没有用水之忧，也就不用仰您的鼻息了。这样一来，君上不就彻底地失去控制东周的资本了吗？"

西周君仔细一想：确实是这么回事！于是问苏秦："依先生之见呢？"

苏秦趁机建议道："君上要想继续控制东周，不如暂且放水给它。您一放水，东周就能种稻了，等稻子长起来，来不及改种麦子时，君上再用断水来威胁东周，这样一来，东周君还敢不听君上的号令吗？"

西周君一听此计，连声叫好，当即下令开河放水，又赏给了苏秦一大笔钱。苏秦返回东周后，因为不辱使命，东周君非常高兴，也赏了他一大笔钱。

好个将计就计！苏秦不愧是战国时代最出色的纵横家，对人性的理解洞若观火，三言两语便将对方引入圈套，达成了使命。

苏秦说西周的故事固然精彩，然而当我们了解了说服的真相，苏秦的光环也就黯淡了不少。接下来，我们试着考虑另一个问题：苏秦有三寸不烂之舌，为什么不索性说服西周与东周友好合作呢？

最可能的原因就是：他办不到。西周和东周是天生的死对头，西周君的初衷就是最大限度地削弱东周，人性如此，没有谁能解开这个矛盾。因此苏秦才避难就易，采用了一个直接而有效的策略——顺应西周君的意愿达到当前目的。

苏秦说服西周君的故事发生在几千年前，正所谓"江山易改，本性难移"，战国时人的本性与今天的人并没有什么不同，因此苏秦的说服策略应用到现代也必然是有效的。

但在进一步学习他的说服策略之前，我们首先要借鉴他避难就易的思维，而这个思维透射出的道理就是：**任何时候都不要妄想改变他人的初衷！**

所谓初衷，它有时候是一种强烈的意愿，有时候是潜意识的驱动，不管是什么形式，它对人们的影响力都是决定性的。因此，任何说服者在进行说服时，都要尽可能地顺应对方初衷，就像承认"地球引力是向下的"一样自然。

当然，我们也不能断言他人的初衷一定是不可改变的，但是作为说服者，贸然攻击他人的初衷是非常危险的做法，最直接的危害就是会导致对方的不快，而这与我们说服的目的恰恰是背道而驰的。

再举个例子。

经验告诉我们，年纪越大的人越难于说服，尤其是老年人。当销售人员向一个老年人推销产品时，老年人通常会第一时间摇头。这是因为老年人都有一种"逃避改变"的隐藏心理，这在心理学上被称为"一致性原理"。

"一致性原理"是说，当一个人被他人定位之后，他的言行也会不由自主地朝人们定位的方向靠拢。由于老年人通常被周围的人定位为"成熟稳重的人"，久而久之，他们自己也相信自己是成熟稳重的，而成熟稳重的标志就是不会经常改变习惯，于是他们就不大愿意尝试新的事物。

这时，如果销售员试图改变老年人"保持成熟稳重"的这种初衷，劝他换用一款全新的产品，老年人必然会心生不快，当然也就不愿跟销售员继续交谈了。

所以正确的做法是：在说服老年人时，要强调你想让他做的事情并不是一种改变，而是原来习惯的延续，"同时稍稍有一点儿变化"。

值得一提的是，在很多说服案例里，我们看到被说服者的初衷被改变了，比如前面所说的乔布斯说服凯尼恩的故事。不过仔细思考我们会发现，凯尼恩的初衷并没有改变过。

事实上，凯尼恩坚持系统开机时间很难缩短，这只是他的一种观点，从内心来说，他并没有什么强烈的念头或者潜意识的驱动来支持这种观点。天才的乔布斯经常与天才工程师们打交道，知道他们最想要的就是制造出完美的产品造福于人——这才是凯尼恩的真正初衷，这样的人当然不会"1年谋杀100个人"了。

其实我们通过反观自己就可以知道，一个人的思想初衷实际上是很难被改变的，比如当你爱上一个人时，你就不愿让他（她）受到任何伤害，那么任何试图劝说你伤害他（她）的说辞都不会对你产生作用。这就是所谓的"人性"。

人性是客观存在的事实。如果说说服还有什么可循的规律，那只能是顺从人性。作为说服者，我们必须正视这一事实和规律。要坚信一点：不管在什么情况下，只有顺应人性展开的说辞才是最有效的说辞。

人性的弱点——说服背后的7个心理学原理

在人们还没有系统地研究说服之前，只有极少数洞悉人性的人精于这一技能，并且将其视为不传之秘。他们不但是成功者，而且往往是各自领域的意见领袖。

人性就是人的心理特征。随着时代变迁，当心理学家们发现了一系列心理学原理之后，说服终于"化无法为有法"，变成了一门人人可以学习的，有理可循、有法可依的技术了。

在上面的小节中，我们提到了一种心理学原理："一致性原理"。这是营销和销售行业中经常应用的一种原理，而营销和销售与说服是相通的。实际上，说服经常利用的心理学原理有很多，最常用的有7种，且这7种原理都是对人性的经典总结。

鉴于本书以后的内容会经常涉及，在本节中，我先大致向大家介绍一下这7种原理。

1. 好感原理

好感原理是指，人们通常喜欢与那些认可、欣赏自己的人相处，也更容易信任他们，被他们的言辞打动。

说服的目标是获得对方的好感，而好感原理刚好与之契合。获得他人的好感有很多方法，其中最简单、最直接、最有效的一种就是赞美，尤其是面对初次见面的人时，适当的赞美几乎是迅速获得对方好感唯一的方法。但你的赞美一定要有水平。

什么叫有水平的赞美？

首先要真诚，即指在赞美的时候要注意表情、语气、动作的配合，千万不能让你的赞美显得轻浮、造作。

其次，要准确而具体，即不要用一些诸如"你很漂亮""你工作做得不错"等泛泛之辞，要能看到对方真正的优点所在，并准确地把它指出来，越是细节性的优点效果越好，即使用上一些溢美之辞也无所谓。

我发现，多数人都不喜欢当面赞美对方，可能是怕被对方误会为"拍马屁"。其实这种担心完全是多余的。行为心理学专家认为，一个人对自我的评价总是高于别人对他的评价，这样看来，即使你真的在"拍马屁"，对方还是会觉得你"拍得不够响"。所以我们大可以不吝赞美之辞，更何况我们的赞美还是"有水平的"呢？

从生理学角度来说，赞美的话语能够绕过人的理智，直接对其情绪发生作用，让对方感到舒适，除非双方语言不通，否则没有人能完全忽略赞美的话语。

所以，请大胆地赞美对方吧！

2. 报偿原理

报偿原理是指，在接到对方的表示之后，人们通常会以同样的方式回报。比如，当你对一个人微笑时，那个人也会不由自主地朝你微笑；当你对一个人很客气时，他也会对你很礼貌；当你给了别人一点帮助时，他总想着回报你。关于这一点，我们根本不用怀疑。这是一种人类不可抗拒的本能，与个性、种族、信仰无关，出自我们的遗传基因。

利用报偿原理，我们可以在与他人的沟通中掌握主动权，在说服对方的时候，也可以用这种方法将对方引向我们预先设定的计划程序内。至于如何设定计划，我们会在以后的内容中探讨。

3. 跟风原理

跟风原理是指，人们总是倾向于仿效与其类似的人群的做法。

作为社会性的动物，人们在思考、感觉和行动时总会参考周围人的做法，特别是当周围的人与其有着很大的相似性时，人们更乐于追随他人。这一点已经被大量的实验和事例证明了。

所以，如果你想尽快得到一个陌生人的认可，最好的方式莫过于请他熟悉的人把你介绍给他，甚至有时候即使是与他不熟悉的人也可以引发他的共鸣。

为什么一个演讲者可以轻易影响成百上千的人？要知道每个人都有自己的思维方式，即使演讲者说的是一句千古不移的真理，也可能会被某些持偏颇意见的人否定。这是因为，那些持否定意见的人被周围的人影响了，当别人表示认可你的时候，他也不由自主地跟着认可你了。

如果你是个管理者，想在会议上颁布一项新的规定，为了避免被员工当场抵制，你可以在颁布规定之后马上找一个支持你的员工（当然这个员工不能"人缘"太差）率先发表支持性的言论。这样一来，大家就会跟着他表示对你的支持。

4. 一致性原理

一致性原理是指，人们总有一种言行一致的行为倾向，特别是当他做出过明确承诺的时候，往往会付出相应的行动。有趣的是，有时候即使这些话不是他说的，但他只要在公开场合明确地表示过认可，这些话也会对他的行为产生影响。

前面的小节中，我们提到老年人不喜欢变化，就是因为周围的人往往把老年人看成"成熟稳重"的人，并在言语之间流露过，当老年人认可这种看法时，就会越发显得"成熟稳重"。这种抢先给他人定位的做法也就是我们俗语中说的"戴高帽"或者"贴标签"。

销售界有一个经常被提到的话术技巧就是让对方一直说"是"。当一个人对你开口说了"是"，他就在无意中认可了你，从而落入了"一致性原理"的怪圈：他很难再对你说"不"，否则就是不再认可你，相当于违备了之前的承诺。这时候，当你再提出一个并不太为难的问题时，他多数还是会说"是"。

作为领导者，如何让习惯拖延的下属及时完成工作量？一个有效的小技巧就是让他亲口向你做出承诺；或者更进一步，让他以书面的形式给你报上一份工作计划表。这样一来，他有很大可能会被"一致性原理"驱动，甚至不惜加班工作也要完成任务。

5.权威原理

权威原理很好理解，即人们往往愿意相信、听从行业专家们的意见。

对销售者来说，你要想让对方相信你的产品质量足够好，向对方出示相关机构的质量鉴定证书是个非常不错的选择；要想让你的话更有分量，就要拿出你的专业资格证明，或者一上来就用专业表现让他认为你足够专业就可以了。

1998年，乔布斯在时隔12年后又掌控了苹果公司的大权。为了重振衰败的公司，他开始向社会广泛招聘一流的工程师。他的招聘非常严格，甚至"就像原子弹之父罗伯特·奥本海默招聘原子弹开发者一样"。

一个籍籍无名的年轻人参加了乔布斯亲自主持的面试。因为没有一份出色的简历，那个年轻人没有通过面试。晚些时候，乔布斯穿过公司大厅时，发现那个年轻人还没走，正一脸沮丧地坐在大厅里发愣。

见到乔布斯过来，那年轻人鼓起勇气问乔布斯，可不可以向他展示一个作品。乔布斯认为这年轻人在浪费自己的时间，但还是不情愿地答应了。那个年轻人马上打开电脑，为乔布斯展示了一段视频：所有图标都在屏幕的下方排成一排，当他把鼠标停在某一个图标上时，那个图标就变大了。

乔布斯看了大吃一惊，当场决定雇用那个年轻人。后来，那个年轻人把他的成果融入了苹果电脑的操作系统中，结果大受用户喜爱。再后来，他还发明了多点触控屏幕的惯性翻页功能，这一人性化的功能最后被应用在了iPhone系列手机和平板电脑iPad上。

惯于说服别人的乔布斯这次却被一个年轻人说服了。这个年轻人采用的说服方式可谓别出一格，他向乔布斯展现了自己的专业能力，从而让乔布斯认为他是软件设计方面的专家，实际上他虽然具备一流的设计能力，却并不是什么专家。这件事情看起来似乎理所当然，但是深入思考之后我们就会发现，其中恰恰隐含着权威原理的应用。

我们要格外注意：在说之前，先向对方证明你是权威的、专业的，你的观点才更容易被接受，否则就不要轻易抛出自己的观点。

6. 稀缺原理

稀缺原理是指，一样东西数量越少时，想要它的人就越多。这一原理在营销中的一种应用叫作"饥饿营销"。近年来，将这一营销手段发挥得淋漓尽致的品牌非"小米"手机莫属。

为什么人们会在饥饿营销面前显得毫无抵抗力？因为当某个物品变得匮乏时，人们就会过高估计它的价值，从而生出渴望拥有它的愿望。明白了这个道理，我们就知道为什么北京的房价一路上涨，连某些五环外的地段都达到了每平米 3 万多元，人们还是会抢着购买了。

所以，当你在说服客户购买你的产品时，一个提升其购买欲望的绝好方法就是强调你产品的稀缺性。你要从一个独特的角度出发，把你的产品描绘成世界上独一无二的产品。要知道，相对于多么出众的品质来说，稀缺性通常对客户有着更强的吸引力。

7. 得失原理

得失原理强调的是，一个人对损失的关注往往大于所得。

我们中国语言里有个成语叫"敝帚自珍"，还有一句俗话叫"金窝银窝不如自己的草窝"，这种现象的背后就是"得失原理"。出于与生俱来的排他性，人们通常会对自己拥有的东西倾注一定的情感，对它的评价也会高于其他同类事物，所以在失去它的时候往往会感到格外痛苦。

这一原理同样在营销行业中大放异彩，最典型的例子就是"体验式营销"。比如一些大型电器的商家会推出"产品试用"的活动，允许用户把产品带回家试用一段时间，在试用的过程中，用户就会无形中产生拥有了该产品的潜在心理，不愿再失去它，于是大多会掏钱买下该产品。

由得失原理可知，在说服他人的时候，强调对方将会损失什么将比告诉他会得到什么更有震撼力。前面我们讲苏秦游说西周君的故事，苏秦说如果西周君不给东周放水就会失去控制东周的资本，西周君立即接受了苏秦的建议，就是得失原理使然。

我在销售培训课程中讲，要放大客户担心的问题，直至把问题扩大为"灾难性的后果"，利用的也是得失原理。

以上 7 种心理学原理，有的看来理所当然，有的则大悖于情理，但它们都是久经验证的人性智慧，而且是严谨的科学。可以说，任何成功的说服都或多或少地应用了这 7 种原理。因此我们很有必要将这几种原理烂熟于心，以便在说服中适时利用。

说不来"漂亮话"怎么办

到这里，我们已经解决了说服的最基本的认识问题，接下来要解决的是我们自身的问题了。

在给一些入门级的销售员做培训时，我经常遇到这样一个问题：**性格内向的人也适合做销售吗？** 不必说，问这种问题的人都是性格偏于内向的人，他们可能特别羡慕那些逢人就能侃侃而谈的人，把那些能言会道的说话高手当成偶像来膜拜。似乎在他们的印象里，所有成功的销售员都是外向的。

事实果真如此吗？

据美国的销售同行的一项调查显示，在所有的销售精英中，具有内向性格和外向性格的人的比例大概是 1 ∶ 1。有"销售奇才"之称的乔·坎多尔弗就是个典型的内向性格的人。他曾这样形容自己："我的举止有点唯唯诺诺，见到生人就忍不住要向他低头，我甚至不敢高声跟任何人说话。"20 世纪 70 年代末，他的推销保额已经超过了 10 亿美元，然而他的内向还是没有任何改观。

其实我自己也是一个偏于内向的人。从小时候起，我就特别羡慕那些在谁面前都敢开口讲话的孩子，长大以后，又时常把那些能言会道的朋友当成偶像。但是，做了几年销售下来，我发现那些特别能说的同事并不全是销售行业里的佼佼者，反而很多真正的销售高手在私下里都很低调，甚至有些腼腆。

这是怎么回事呢？

还要回到说服的本质上来。说服，归根到底还是心理层面的博弈战，大多时候都是在隐秘中进行的，绝不仅是谈话这么简单。我们知道武术界流传着这样一句话："丑功夫，俊把式。"这句话放到很多行业都通用，比如电影界的"叫好不叫座"。说服也是如此。最有效的说服就和格斗一样，不一定是话说得最漂亮的，但它一定是直指人的心理要害的。

从另一方面来说，我们或许都有这样的体会：当一个特别会说话的人试图说服你时，你的第一反应往往是心生警惕，拒绝他的一切观点；哪怕他说得很对，你也无法放下心里的敌意。这一类失败的说服就是典型的"俊把式"了。

对说服而言，内向和外向没有什么分别，因为世界上既有好多内向的人也有好多外向的人，针对不同的对象，内向或外向的说服者各有各的优势。而且，内向的人还额外有一项天生的优势，那就是他们说话时会显得比较真诚，因而更容易博得对方的信任。

还有人问过这样的问题：**说不来漂亮话怎么办？**

答案很简单：说不来漂亮话就不要说。就我总结来看，保持自我的本色恰恰是一种最佳的说服状态。如果你不擅长说漂亮话，就不要向擅长说漂亮话的人学，因为你即使学了也不过是一个二流、三流的说漂亮话的人，甚至还有"画虎不成反类犬"的可能；如果你能顺应自己的个性，不断思考人性，总结经验，就一定能培养出具有个人特色的说服力，成就一流的自己。

所以，我们完全没有必要怀疑内向的人是否适合说服，也没有必要刻意逼着自己学别人去说漂亮话。要知道，说服的目的是获得对方的好感，而取得对方好感的方式绝不仅是说漂亮话这一种。

一定有你无法说服的人

写到这里，我要说明一下：我之所以在本书中频繁地以销售为案例，一方面固然是因为我本来就是销售出身；另一方面则是因为，销售是世界上最广泛地使用说服技巧的行业，几乎每个销售员每天都要进行数以百计的说服工作。那么，从这一行业中调取数据和案例作为论据，无疑是最有说服力的了。

我有一个邻居，他是个有 12 年销售经验的销售专家，经常给一些大企业做销售培训。他认为，在整个推销界，电话销售员的平均成功率是 3%——也就是说，电话销售员平均要打 100 个电话才能完成 3 单业务。

就我自己的体会来说，推销员的成功率要普遍高于电话销售，毕竟当面的销售有着更多的沟通方式。比如我曾经工作过的一家公司，它的推销员的平均成交率大概是 11%，该公司还有一位销售高手，他的业务成交率能达到 64%——这已经是个非常了不起的成绩了。

以上的数据说明了什么？无论多么高超的销售专家，都有碰钉子的时候，而且大部分的销售工作都是在碰钉子。哪怕是一个顶级的销售员，也有很多的客户是他无法说服的。

这可能是说服最大的遗憾：你不可能说服世界上所有的人。真正的赢家是明白这个道理的，因此他们不会因为失败的说服而裹足不前。

那么，什么人是不能说服的呢？一般来说，那些把自己的心理隐藏得很深的人是最不容易说服的，因为你不知道对方在想什么，也就难以选择有效的言辞进行说服。对这样的人，我们没有必要耗费精力去说服他们。有人说"说服是成功的捷径"，如果这条"捷径"既费力又费时，也就不能再称为"捷径"了。

所以一些聪明而有理性的销售员，通常会采取如下策略——把客户分为三类：集中精力解决可以马上成交的客户；争取大概可以成交的客户；放弃难以成交的客户。这样一来，他们就大大提高了工作效率。我上面提到的那位成交率达 64% 的同行，就是这一策略的践行者。

刚入销售行的时候，我遇到过一个同事，他是个很热情的人，而且意志坚定到固执，就是"客户拒绝了 100 次，还要再试上 200 次"的那种。有一天我对他说："这幢楼里有一个大老板，很难接触，我猜你绝对做不成他的单！"他很不服气，结果就跟我打了赌。从那天起，他每天都要去拜访一次那位大老板。大老板逐渐对他忍无可忍，最后竟然大开粗口骂了他。但他却一点不生气，仍然笑容满面地每天都去找那位大老板。

结果，那位大老板始终没有签单。富于戏剧性的是，经过一段时间的接触，那位大老板竟然看中了我这个热情的同事，后来用高薪把他挖走了。

这是个结局不错的故事，但我们要看到，现实中确实存在不能说服的人。所以我们不要死钻牛角尖，要懂得适当舍弃，把有限的精力投入到那些我们更有把握的工作里。这也有益于我们培养良好的心态——胜败其实是人生常事。

对任何人来说，最大的困难不是说服别人，而是说服自己。如果你经常因为不能说服某人而一直耿耿于怀，那就不能算是一个合格的说服者了。

Two

第二章
做在开口之前
——每一场说服都要精心准备

- 跳水冠军从十米跳台一跃而下，技惊四座，引来无数鲜花和掌声，但在钦佩又美慕的同时，你有没有想过，这个动作他早已重复练习了几千几万次？

- 一个销售精英三言两语说服了顾客，轻松拿了提成，你有没有想过，这个销售精英在背后付出了多少努力，才能练成迅速成交的技巧？

- 海上的冰山蔚为壮观，你有没有想过，你看到的不过是整座冰山的1/8，冰山的主体其实深藏在海面以下？

- 任何事情都不是轻易做成的，成功的背后必然有着大量的，我们看不见的付出。说服也是如此。作为一门含着科学原理的实实在在的技能，成功的说服也需要大量的前期工作。

说服必先确定目标

说服不是聊天

人天生就有自我表达的欲望，语言就是我们的祖先在这种欲望的驱动下创造出来的工具。所以我们经常在与朋友的交流中身不由己，一开口就滔滔不绝，而且我们会发现，越是漫无目的的聊天，我们的话就越多。

但说服绝不是聊天。在说服中，我们说得越多，离成功就越远。比如在销售中，如果销售员一味滔滔不绝地大讲产品是如何地好，如何地受欢迎，却完全不顾客户的感受，难免会招致对方的反感，他当然也就不会掏钱买你的产品了。

如何保证我们所说的话都对说服有帮助呢？

最明智的做法就是事先明确目标。因为目标决定路线，当明确了目标，我们的说服工作就有了清晰的努力方向。

触龙说服赵太后

公元前265年，秦国进犯赵国，接连夺下了赵国三座城。赵国急忙向齐国求救，然而齐国却向赵国提出了条件：若要齐国出兵，得先让赵国的长安君到齐国做人质。当时主政赵国的赵太后断然拒

31

绝了齐国的条件。

原来长安君正是赵太后最小的儿子。她非常疼爱长安君，不但把赵国最肥沃的土地赐给他，还经常赏赐他奇珍异宝，当然舍不得把他送到齐国做人质了。

大臣们听说了这件事，纷纷赶到太后宫中来劝谏。赵太后却听不进大臣们的忠言，刚开始还只是敷衍，后来只要有人一提这事就勃然大怒，还放言说："谁要再敢说让长安君去做人质，我就吐他一脸唾沫！"群臣吓得噤若寒蝉，但却没有任何办法。

这时候，左师（一种官职）触龙不顾年迈，赶到王宫中来见太后了。太后猜测触龙是为了长安君的事来的，于是一脸警惕地看着触龙。

没想到触龙一开口并没有提长安君的事，倒先和太后寒暄起来了："老臣年迈，腿脚不好，好久没来问候太后了。太后的身体可还好吗？"

"也不行了。要扶着车子才能走路。"太后说。

触龙又问："您吃饭怎么样啊？"

"也就能喝些粥了。"

触龙叹了口气。"老臣也不想吃东西。最近每天强迫自己走三四里路，多吃了些东西，这才感觉稍微好些了。"

"你还不错。我已经不能像你那么走了。"说到这时，太后的面色终于缓和下来了。

触龙感慨了一阵，说道："老臣没有几天可活了，心里却一直放不下一件事。老臣有个不成器的儿子叫舒祺，年纪最小，老臣很是疼他。所以今天冒死来求太后，希望太后能让他进宫做个卫士。"

太后笑了："原来左师是为这事来的啊？哀家听说，只有妇道人家特别喜爱小儿子，你这做父亲的也是吗？"

触龙叹了口气说："是啊，比做母亲的还疼他呢。所以老臣才不顾羞耻前来，希望能在临死前能把他托付给您。"

"好啊！"太后痛快地答应了。

触龙忙向太后谢恩。过了一会儿，装作不经意地说道："老臣以为，和长安君相比，太后您更爱您的女儿燕后。"燕后正是赵太后的女儿，五年前才嫁到燕国去。

太后一听这话，摇着头说："左师错了，错了。哀家更爱长安君啊！"

触龙疑惑地说："是吗？臣还记得，太后送燕后出嫁时，哭得很伤心；后来每逢祭祀都要为她祈祷，希望她的子孙世代都能做燕国之主。"

太后感慨地点着头说："是啊！"

"老臣以为，父母要是真疼爱子女，就要为他们考虑得远一点。请太后想一想，从赵氏建国到现在，那些君主的子孙们，凡是被封了侯的，他们的直系后代还有继承爵位的吗？"

太后想了想，说："没有。"

"别的国家有这样的事吗？"

太后又想了想，说："没听说过。"

触龙叹道："唉，这都是因为当君主的遇到了灾变，祸及子孙了。这倒不是说君主的子孙品行不好，可是他们个个身居高位却没什么功绩，俸禄很多却不为国家操劳，当然容易被人嫉害。现在，太后您如此宠爱长安君，小小年纪便赐他君位，又赏他良田珍宝，然而却没想过让他为国家做点事情。老臣斗胆说句不中听的，有朝一日太后百年了，长安君凭什么在赵国安身立命呢？所以，老臣才认为太后为长安君考虑得太少，爱他不如爱燕后啊！"

太后这才恍然大悟，点着头说："是哀家考虑不周了。随便你派他到什么地方去吧！"于是即时下令为长安君准备车马，送他到齐国做了人质。后来，齐国果然出动大军，联赵退秦，解了赵国的祸患。

如果只看触龙与太后刚见面的情景，我们可能会以为是两个老人在闲话家常，实际上触龙正在闲话中一步一步地实施他的说服策略。因为太后对自己有敌意，触龙没有直接提长安君的事，而是从外围话题入手，聊起了家常，从身体、饮食到儿子就业，再到燕后，到各国爵位传承的规律，最后才转到了长安君身上，终于成功说服了赵太后。

可以说，触龙展开说服的目的是非常明确的，因此他的迂回策略就使用得十分隐秘，以至让固执的太后不知不觉地落入了他的说服"圈套"。

如何确定说服目标

那么，我们在确定目标时要注意什么问题呢？

最关键的是，说服的目标必须要单一、明确。因为人在某一时间最关心的事情只有一件，我们只要能说中那件事，就能最终达到说服的目的。比如在上面的故事中，触龙说来说去，只是为了把话题引到长安君的安危上，而长安君的安危就是太后最关心的事情。

当然，触龙也可以从赵国的安危来劝说太后，但他却对此只字不提，因为太后对儿子的关心显然超过了对赵国的关心。如果触龙既想从疼爱儿子的角度，又想从赵国安危的角度来说服太后，恐怕就不会达到这样立竿见影的效果。更重要的是，如果目标过多，他的话术策略就会更加复杂，也更难做到如此隐秘和周全了。

说服目标单一、明确，就像兵法里强调的，集中优势兵力攻击敌人最致命的薄弱点，这样才能取得最大的效果。

具体来说，我们在确定说服目标时可以从两个问题出发：

1. 我最想得到的是什么？

确定目标的一个前提是确定自己的想法。我们已经知道，说服要顺应对方的初衷，那么就要先了解对方的想法，但如果我们连自己的想法都不清楚，就去琢磨对方，不但得不到正确结论，整个说服工作也可能变成毫无意义的聊天。

如果先确定自己的想法，然后再采取行动，即使施展一些"非常手段"，也不会暴露行迹，说服对象也不能识破你的策略，这在兵法中被称为"神业"——也就是"隐秘进行的工作"。因此，若想让你的说服在隐秘中进行，做到每句话都有的放矢，必须要先明确目标。

2. 对方最关心的事情是什么？

如果不了解对方最关心的事情是什么，你的最终话题就不能引起对方的兴趣，那么对方也就不愿与你继续交谈了。

解决了上面两个问题，再从两个问题的答案中寻找一个巧妙的平衡点，圈定双方共同利益的交集，我们就能明确目标，从而可以确定针对性的说服策略了。我们可以从一个看似不经意的切入点一步一步说到对方最关心的问题上，最后得到自己想要的结果。

也许我们自身也有体会：很多时候，说服别人就是一句话说到点子上。而确定说服目标的终极目标，就是要找到那关键的一句话。

保证目标是明确的，哪怕我们在这一轮的谈话中没有达到预期目标，也还可以重新组织进攻，直到成功进入核心话题为止。可是，如果我们的目标没有明确，就只能是想到哪儿说到哪儿，成功的概率必然微乎其微。

总而言之，任何形式的说服都应有单一、确定的目标。无论是说服客户、说服亲友、同员工谈话，还是做演讲、写文案，都应紧紧抓住目标。否则我们就是在浪费时间。

让我们牢记美国前总统亚伯拉罕·林肯说的那句话吧："要让对方自行领会你讲话的主题，而你自己必须牢牢抓住讲话的目的——这很重要！"

一招解除开口的恐惧

　　说服总需要口舌的交锋，但是我们发现很多人连让我们表达观点的机会都不愿意给，同样地，他们也不愿去开口说服别人。因为说服不是一件容易的事。

　　说服面临的最大困难就是对说服失败的恐惧。

　　我们知道改变一个人的初衷是很难的。不同的成长环境让人们形成了独特的思维模式，这种思维模式阻碍人们去尝试改变。人们喜欢把原来的经验当作判断事物的标准，如果某种观点不符合这个标准，人们就会下意识地拒绝这种观点。这也是说服最大的障碍所在。

　　另外，特别是在说服陌生人时，我们随时都会受到对方的怀疑、敌视、攻击或拒绝，这对我们来说是一种并不舒服的体验，致使我们在情感上受到伤害。

　　因此，说服需要我们首先克服我们自身的恐惧。

　　恐惧是人与生俱来的天性，也是对说服危害最大的一种情绪。做过推销工作的人大概都有这样的经验：客户就坐在门里，你却在门外徘徊，终于鼓起勇气要推门了，一抬头却发现门上写着"谢绝推销"二字，于是默默地走掉了。

　　你不敢面对客户，是因为你害怕客户的拒绝和嘲笑，在这样的犹豫中，你的热情会迅速降温，最终不战而退。也许你还在意中人门外徘徊过，在老板门外徘徊过，在投资者门外徘徊过，也许你自始至终都没推开过那扇门——这全都是恐惧所导致的恶果。可以说，一切失败都来源于我们对失败本身的恐惧。

那么，如何才能克服恐惧呢？

实际上，恐惧是不能克服的。我们只能通过不断地体验来适应它，直到习以为常，不再把它当回事为止。

在正式向恐惧发起进攻之前，我们不妨先问自己 3 个问题：

1. 你想获得成功吗？

2. 如果你任由恐惧支配，一切会有什么改变吗？

3. 如果失败的话，你会有什么损失吗？

事实上这 3 个问题摘自我的销售课程讲义。当销售员因为害怕被拒绝而不敢去见客户时，可以用这 3 个问题来为自己打气。

通过解答这 3 个问题，我们会获得这样的心理暗示：我想要成功；如果被恐惧支配，我这辈子就只能这样了；即使尝试失败我也不会有什么损失，还有什么可担心的呢？

如果这种程度的暗示仍然不能鼓起你的勇气，你就要更勤奋一些，不妨试试下面的训练方法：

1. 语言暗示训练

你可以在每天清晨刚起床时大声对自己说 10 遍，每天晚上临睡前大声对自己说 10 遍，在其他空闲时间一有机会就在心里说 10 遍。说什么呢？

——"我要大胆地说话，我要大声地说话，我要流畅地说话！我行，我一定行！今天一定是成功的一天！"诸如此类。

2. 想象暗示训练

想象训练可能对想象力更丰富的朋友来说更为有效。具体方法是：回想你曾看到过的任何成功形象，不管是亚伯拉罕·林肯、马丁·路德·金、"007"、马云还是曾志伟，不管是现实所见还是银幕形象——甚至只是你想象出来的，然后把主角换成你，想象你自己像那样成功的一刻，然后尽量保持这种情绪。

接下来，不管你有没有做好准备，我都要正式向你介绍克服恐惧的唯一绝招了。

《孙子兵法》中有一句非常有道理的话："胜兵先胜而后求战，败兵先战而后求胜。"什么意思呢？就是说，当你拥有制胜条件的时候，就要先占据绝对优势再与对方作战；在没有必胜的条件时，就要先进入战斗，在战斗中寻找制胜的机会。

所以，如果我们感觉无法战胜恐惧，那么克服恐惧的唯一方法就是——立刻去做！

立刻去做，是我所知道的对付恐惧最直接、最简单、最有成效的方法。只要你做了一定的准备工作，那就立刻去做，千万不要妄想"万事俱备，只欠东风"，也许还没等到东风到来，你早被莫名生出来的各种担心打得丢盔弃甲了。

也许你也有这样的体验，一旦你在公开场合开口说了第一句话，就会瞬间忘掉恐惧，随之而来的就是行云流水般的演讲辞。

总之，解除恐惧的关键就是立刻去做，强迫自己马上开始，而好的开始就是成功的一半。要知道，世上并没有那么多值得恐惧的事，就如罗斯福所说的："唯一值得恐惧的就是恐惧本身！"

如何自我包装赢得他人好感

　　我们都知道第一印象对于人际交往的重要性。这在心理学上被称为"首因效应"。在说服中，你给对方的第一印象也同样意义重大。良好的第一印象使你更容易获得对方的好感，反之，如果你给对方的第一印象很糟糕，那么你说服成功的概率就会大大降低。

　　其实良好的第一印象并不只是给对方好感，也能在一定程度上增强自己的自信。试想一下，每天早上出门前照镜子时，里面都有一个衣饰得体、面带笑容的自己，你会不会突然变得自信起来？

　　如何对个人进行形象包装？我们可以把这个问题分为内外两个方面来解答。

外在形象的包装

　　外在形象的包装主要是指服饰的合理搭配。俗话说"人靠衣服马靠鞍"，我们要想给对方留下良好的第一印象，就要特别注意自己的服饰搭配。

　　服饰搭配有两个关键，第一是得体。

　　所谓得体，除了说衣服要合身之外，还强调衣服要讲究颜色搭配。在颜色搭配上，我们一定要舍弃个人的主观喜好，不能你喜欢什么颜色就穿什么颜色，而要以客观的审美标准来决定颜色的选择，这是服装艺术的第一要诀。

通常来说，服装搭配的原则有强烈对比搭配、补色搭配、近似色搭配等，具体到如何选择各式搭配中的颜色，大家可以参考相关的资料，这里不再赘述。

另外，服装搭配也要注意场合。在比较严肃的场合，最好穿正式一点的服装，给人以庄重的感觉；在私人场合，可以穿得休闲一点，给人以放松的感觉；在庆祝、晚会等场合，应尽量穿得鲜亮一点，给人以有活力、个性、风趣的印象。

服装搭配的另一个关键是关注细节。

在整体搭配协调的情况下，细节就显得极为重要了。如果让对方注意到你整洁的白衬衣上有一个黑点，想必他会一直注意这个黑点，并把它想象成你本人的缺点。甚至很有可能，以后每当想起你时，对方首先想到的就是这个可恶的黑点！因此，忽视细节也是导致形象包装失败的因素。在出门之前，一定要仔细检查一遍，看衣饰上是不是存在让对方皱眉的地方。

值得注意的是，有人喜欢用配饰来增加个人魅力，正常来说，这种做法无可厚非，但是在说服的时候这种做法就显得不那么明智了。因为在交流过程中，对方很有可能被你那别致的胸针、精美的项链或奢华的腕表吸引注意力，这显然不是你所希望的。因此，我的建议是：不要佩戴任何可能会吸引对方注意力的配饰。

内在形象的包装

通常人们只注重外表的装点，往往忽视内在的包装，难免让人感觉好像缺少某种"气质"，而没有气质的人，他的影响力和说服力也一定不会多强。

如何培养自己的独特气质？

1. 每日静坐冥想

可以每天花点时间冥想。冥想要静坐，静坐的时候全身放松，放下所有思虑，让自己的头脑逐渐"空"下来。这种做法有助于我们释放不良情绪，而不良情绪通常是让我们看起来烦躁不安的罪魁祸首。静坐不必拘泥于姿势，只要能让自己放松且舒服就好。

呼吸要用腹式呼吸，即吸气时让腹部隆起，呼气时腹部回收，这样可以让我们最大程度地进行吐纳。静坐时，呼吸要保持一定的节奏，比如吸气用 2 秒，中间屏气 4 秒，吐气用 4 秒。另外，如果环境光线较强，还可以戴上眼罩，以减少光线对我们的干扰。

2. 多看些书

书的重要性毋庸置疑。多看书——看一些有思想、有内容、能够引发我们思考的书。看书不仅能让我们积累更多的语言词汇，还会让我们的头脑更为敏锐。头脑敏锐了，我们的眼睛就会更明亮，这大概就是所谓的"腹有诗书气自华"了。

和静坐一样，看书也不必每天长时间地看，只要每天抽出一两个小时就足够了，但要注意的是，看书时一定要专注，同时用心思考。

3. 听听音乐

很多人只把听音乐当成一种消遣，这是一种对音乐的肤浅认识。我们的老祖宗很早之前就发明了音乐，那时的音乐可不仅仅是用来消遣的，而是用来帮人"通神"的。所谓通神，用当代科学的观点来看就是让人进入某种情绪中。科学研究也表明，音乐会对人的行为产生影响，比如音乐会促使人体的肾上腺素进入血液，从而导致大脑兴奋，解除疲劳。

我知道很多推销员都有一边走路一边听音乐的习惯，并且他们听的多数是比较劲爆的音乐，这种音乐有助于提升激情，帮助他们克服临门的恐惧。

到底听什么音乐最好呢？我很难给出具体的建议。因为不同的人对不同音乐的敏感度是不一样的，比如有些人完全接受不了交响乐，有些人只喜欢听古典乐，而一些年轻人则偏好摇滚乐。结合来讲，舒缓的古典乐会让人变得更理性，而节奏强烈的摇滚乐会让人变得富于激情。当然，我并不是说摇滚乐不如古典乐，毕竟气质也有很多种类，大家可以根据自己的喜好和特质选择音乐类型。

4. 保持充沛的体能

充沛的体能会让我们心明眼亮，声音洪亮，举止更有活力，从而增强我们的影响力。想象一下，当你面对一个说话有气无力的说服者，你会由衷地信服他所说的话吗？如果一个活力四射的人站在你面前，你是不是会无形中被他感染？

如何增强和保持自己的体能？

（1）保证充足的饮食

饮食不能单纯依着自己的口味，要注意营养的搭配。中医养生学建议我们，要"顺应天时"，尽量选择应季的瓜果蔬菜，比如冬季要少吃西瓜等在夏季成熟的水果。另外，按时进餐也很重要，废寝忘食的工作精神固然可嘉，对个人的健康却极为不利，要知道，身体是革命的本钱，没有健康的身体，一切的努力不过是在为自己挣医药费罢了。

（2）保证充足合理的睡眠

成年人每天要保证 6～8 小时的有效睡眠，很多年轻人喜欢熬夜，导致睡眠时间严重不足，其实这种做法对健康的威胁非常大。

合理的睡眠需要保证以下三点：第一，要有安静、整洁、舒适的睡眠环境和适宜的卧具；第二，睡前要调节好情绪，保持心平气和、心情愉快，然后宁静入眠；第三，睡前洁身，最好再给自己做做按摩，让身体充分放松。

（3）坚持锻炼身体

跑步、俯卧撑、仰卧起坐等是最经济也是最有效的锻炼方式，除此之外，有条件的可以选择游泳、打球的方式来锻炼。对于锻炼，我们没有格外的要求，唯一需要的就是坚持再坚持。

以上的训练要求看起来有些苛刻，大家可以酌情删减，但切记凡事贵在坚持。提升说服能力好像是一项艰苦的修行。正如本章标题指出的，说服其实和画画一样，是一项实在的技能。达·芬奇学画时先画了几年的鸡蛋来提升基本功，我们要想培养超级说服力，也要先练好基本功，内在形象的修炼必不可少。

除了具体的形象包装之外，还有一种极简单却非常有效的包装方式，那就是微笑。

有人说"微笑是最好的化妆品"，这句话不无道理。每个人都希望面对别人的笑脸，微笑是最容易博取他人好感的表情。实际上，微笑不但会影响对方的心情，也会对自己形成正向的心理暗示。比如，在微笑的时候——哪怕只是做了一个微笑的表情，你也会不知不觉地自信起来。

我们应该掌握微笑这个有力的武器，可以对着镜子常加练习。

除了表情，身体姿态也会给你的印象加分。我们在行走坐立的时候，一个挺胸直背的人与一个弓腰驼背的人，显然会带给他人两种截然不同的印象，前者会让人产生莫名的好感，后者则会让人暗中皱眉。

作为说服者，我们不必非要有俊美的外表，只要拥有健康的身体，注意服饰的搭配，多展露微笑，摒弃不良的身体姿势，就完全能塑造出让人一见面就生出好感的形象。另外，形象塑造并不是一两天就能完成的，只要坚持下去，直到养成良好的习惯，就能全面改善我们的面貌，让我们由内而外地散发出个性的气质，大大提升我们的说服力。

还是那句话：好的开始是成功的一半！

如何开口说出"好声音"

绝大多数的说服都是靠说话完成的，因此语言和声音的运用就显得尤其重要了。如果你天生就有一副好嗓音，那么恭喜你，你比其他人更有打造超级说服力的优势。不过以个人经验来看，天生拥有好声音的人并不多见。

那么，没有好声音怎么办？没有关系，只要你能开口说话，好声音也是可以练出来的。虽然未必能达到"绕梁三日"的程度，赢得他人的好感应该没有什么问题。这正应了那句老话："三分天赋，七分努力。"

获得好声音的关键是掌握正确的发声方法

我们应该都有过这样的体验：长时间的讲话会让我们的嗓子干哑，甚至导致咽部肿痛，但奇怪的是，另外一些人——比如相声演员，他们能声音洪亮地连续说上一天，第二天照常登台演出。相声有四门功课：说、学、逗、唱，没有一样不需要嗓子，他们却能在四门技巧间频繁转换，并且始终保持着洪亮而富于感染力的音质——难道他们天生有一副铁打的嗓子吗？

相声演员的秘密就在于，他们掌握了正确的发声技巧。人说话的物理学原理是：由气息冲击声带，使声带振动，引起头腔、咽喉腔或胸腔的共鸣，从而发出声音。但在平时，多数人说话主要是利用咽喉腔的共鸣发声的，也就是单纯地用嗓子发声，因此声带很容易疲劳，更严重的是，这种发声方法通常难以发出洪亮、具有穿透力的声音。

正确的发声需要做好两个方面的工作。

1. 合理地运用气息

正确的说话与歌唱的气息运用方法是一样的，即使用"丹田气"。

什么是丹田气？我们可以试着做一个深呼吸，尽量把气吸到下腹，吸满，保持住，再慢慢利用腹肌的力量将丹田内的气缓缓"挤"出来，直到全部放完。然后不断重复这个过程，体会腰部用力的感觉——这就是合理发声的用力点。说话时，要把用力点放在腰部，这样我们的气息才能充足。

2. 利用胸腔发声

一个饱满而有穿透力的声音，除了有气息支持以外，共鸣腔的运用也起着相当重要的作用。如果想以最小的力量发出最大的声音，就要尽量利用胸腔共鸣发声。

我们可以利用早上起床前的一小段时间做做发声训练。具体方法是：平躺于床上，收缩腹部，将一只手放在横膈膜处，另一只手放在胸骨上，然后尽力吸气，吸气的同时说"哦——哦——哦——"，呼气的同时说"哈——哈——哈——"，如此重复练习，感觉胸腔的振动。然后坐起来，保持上身挺直，再练习上述发声过程。最后，站起来，一边在室内走动一边练习上述发声过程。

练习过程中，要仔细体会气息的运用与胸腔的共鸣，找到那种控制发力点的感觉。我相信，用不了多久你就能掌握正确的发声方法了。

掌握了正确的发声方法，也不见得一定能发出悦耳的声音，因为声音的高低和音量的大小还需要自己来把控。总之，你要在正确发声的基础上多加琢磨和练习，直到找到最适合自己又最容易让人接受的声音为止。

声音是否动听，还要考虑说话的语调和音量。

1. 语调

说话的语调往往会反映一个人的情感和态度。无论你是热情奔放、呆板保守、阿谀奉承、优柔寡断，还是诚实果断，对方都能或多或少地从你的说话语调中感觉出来。但是在说服过程中，你必须有所保留，要让你的语调与你谈论的话题协调一致，以向对方表明你对某一观点的态度，进而争取对方的好感。

2. 音量

很多时候，为了强调某种观点，我们会不知不觉地放大自己的音量，但是音量过高也可能会带给对方一种"盛气凌人"的感觉，这对说服来讲是有害无益的。其实，言辞的影响力与音量的大小并没有直接的关系，大喊大叫也不一定能让别人折服，反而有可能让对方心生反感。可以试着在发声训练中以不同音量的声音说话，仔细听听，找到一种最易为人所接受的音量。

注意发音中的一些小问题。

1. 不要发鼻音

我们经常听到"哼""嗯"之类的发音，这就是鼻音。在与人沟通的时候，频繁地发出这种声音是很容易引起他人反感的——即使你在用"嗯"表示对对方的认同。

我有一个前辈，我发现他在聊天时从来不说"嗯""哼"等字眼，而是说"哎"。"哎"这个字可以表达与"嗯"同样的意思，但却让人觉得说话的人是开放的、热情的。反过来说，"嗯""哼"等用鼻音发出的字眼会让人听起来感觉像是在抱怨，显得很没有生气。

其实，所有用鼻音发声的字眼都会或多或少带给他人消极的心理暗示。因此，我们在说服他人的过程中，一定要尽量避免使用这些字眼。

2. 语速不宜过快也不宜过慢

在与被说服者交流时，语速的快慢会影响你向对方传递信息的氛围和效率。比如，当你说话语速太快时，对方会得到一种紧张的心理暗示，从而变得紧张起来；另外，话说得太快容易让对方听不清你说话的内容，如果对方不好意思让你重复说一次，就可能会因为没有听清的部分内容而分心。基于"破窗效应"——或者说"破罐子破摔"原理，对方很可能会彻底放弃你，导致你说服的失败。

语速太慢也不是一件好事，这会带给人一种负面的心理暗示，认为你思维缓慢，反应迟钝，从而在无形之中对你产生轻视心理，时间一长就会对你失去耐心。道理很简单，没人愿意把时间浪费在一个"看起来很笨"的人身上。

那么，我们该如何保证说话的语速呢？除了在发声练习时不断摸索调整之外，还有一个简单的办法，那就是根据对方的语速来决定：如果对方语速偏快，你就比他慢一点；如果对方语速偏慢，你就比他快一点。这样做有两个好处：其一，可以帮你确定最适宜的语速；其二，可以让你掌控对话的节奏，利于你引导、控制对方的思维。

总之，声音的掌控是一门技术活，好声音的塑造也需要大量练习，要想培养超级说服力，一定要充分重视这一技巧的训练。

如何把话说得富于感染力

有了好声音就相当于练成了浑厚的内功,还要配合一定的招式才能把语言的影响力充分发挥出来,让你的说服如虎添翼。本节将要探讨的就是语言的"招式",即如何把话说得准确、流利,尤其是要富于感染力。

为什么有些人讲笑话一点也不好笑,而相声演员一抖"包袱"观众就会哄堂大笑?不光是因为他们的包袱有意思,还因为他们的语言有感染力。

为了让我们的语言富于感染力,我们很有必要进行一些基本的练习。我们可以向演讲者学习,一些演讲者常用的练习方法有如下几种:

1. 速读训练

随便找一篇文章进行朗读。朗读时应以准确为第一原则,可以在刚开始的时候适当放慢速度,以求发音吐字的准确性,然后可以逐渐加快速度,直到达到你所能达到的最快语速。需要注意的是,一定要以发音准确、清晰、饱满为前提,而且不能停顿。开始的时候速度较慢,逐次加快,一次比一次读得快,最后达到你所能达到的最快速度。

当你能够一字不差且非常流利地读完这篇文章,就可以换一篇文章重复这一过程了。

2. 背诵训练

选一篇自己感兴趣的文章——尽量不要太长，先把它熟读几遍，充分领会作者的思想情感和写作思路之后，试着背下这篇文章。背熟文章之后，就可以大声地朗诵了。朗诵的时候，要注意发声的准确清晰，并且带有感情，力求准确地表达出作品中所蕴含的思想。

3. 复述训练

选一篇篇幅适中，且有一定情节的文章——最好是小说或者叙事散文，以速读的要求多读几遍，然后进行复述。在复述的时候，我们不必苛求自己一字不差，应以流利连贯地将全部情节复述出来为准。这一过程可以反复多次地练习。

4. 描述训练

仔细观察某一事物，然后试着组织一段语言来描述它。比如，我们可以观察一张照片，然后描述照片里的内容，我们的描述要尽量全面、形象，尽量使用生动、准确的语言，另外，要注意描述的逻辑顺序，最好是让人一听就有身临其境的感觉。

5. 讲故事训练

熟读一篇故事，了解故事的人物、语言和情节，然后凭着记忆把故事重新讲述出来。在讲故事的时候，要保证发音的准确，融入自己的情感，使故事中的人物语言鲜活生动，充分表现人物的性格。要注意，我们是在进行讲故事训练而不是读故事训练，不要试图把原文一字不差地背出来，而是以自己的理解来诠释这个故事，力求让故事更为生动有趣。

表面上看来上面的五种练习好像与说服没有什么关系，实际上，这几种训练对培养语言的感染力是非常有帮助的，更值得强调的是，在这样的训练中，你会生出一种自信的状态，一旦在说服中进入这种状态，即使面对着那些所谓的"大人物"，你也能轻松自如地表达。

说服和说相声一样，也是考验嘴皮子的，如果一个说服者说话没有感染力，他的说服效果难免会打折扣。

如何在谈话中信手拈来

碰到什么人说什么话，这是说服者的必备能力之一。古代的纵横家之所以能让君主们俯首听命，就是因为他们熟知天下大势，能够为君主们出谋划策。换句话说：他们懂得多，所以才说得好。因此，要想让我们的语言具备足够的说服力，懂得多一些是必不可少的。

通常，我们的话题都来自平时的积累，来自生活。要想在说服中做到信手拈来，就要多关注生活，比如世界大事，国家要闻，城市热点，甚至于家长里短，等等。

不要小看这些东西，说不定什么时候就能派上用场。另外，在了解这些事情的时候，不要只限于看和听，要尽量深入地思考，总结出自己的见解。要知道，在这个足不出户就能尽知天下大事的网络时代，让人折服的已经不再是广博的知识了，而是高明的见识。

下面就是我们常见的说话素材来源。

1. 多看书，多关注各种媒体

我们每天都离不开书籍和各种传播媒体。不管是看书、看报还是浏览网页时，一旦遇到有意思的事情就要反复读几遍，把它记下来，用心思考它背后隐藏的道理，得出自己的见解。当你遇到一个关心时事的人，就可以和他就一些时下的趣事进行交流了。

2. 有意识地记忆发人深省的名句

还记得 7 大心理学原理中的权威原理吗？很多人都有相信权威的情怀，因此无论是古时名人传下来的经典语句，还是一些发人深省的格言，他们都格外乐于接受。因此，我们有必要收集一些智慧的名言、名句，也可以把这些话记在某个地方，经常温习，这样就能在与他人的沟通中信手拈来。有时候，你根本不需要多么复杂的论证，一句名人名言就可以拿来当作强有力的"证据"。

3. 多与各行业的人交流

三人行必有我师。多与各行业的人交流，会让你接触很多以其他方式接触不到的知识，这些知识都是宝贵的财富。尤其当我们要说服其他行业的人时，如果我们能表现出对对方行业的熟悉，就能在一定程度上赢得他的好感。

4. 多观察、多思考

养成多观察、多思考的习惯，对于积累素材来说至关重要。其实，话题在我们的生活中无处不在，只要拥有敏锐的观察力，深入的思考能力，任何现象都会引发我们的联想，进而将其整理为说话的素材。这也体现了口才的艺术性。

随着口才训练的结束，培养说服力的前期工作已经基本完成。接下来，我们将进入更为具体，也是更为重要的一个环节了。

说服也要精心策划——有效说服的5个步骤

在进入正式说服之前，我们还有一些具体的工作要做。从哪儿着手呢？我建议大家多向演讲家们学习。因为演讲就是一项极致的说服，而演讲家们所做的准备工作，无疑就是说服的标杆。

美国演讲培训师卡迈恩·加洛在其著作《乔布斯的魔力演讲》中说："乔布斯是全球舞台上最能虏获人心的演讲大师，没有人能媲美他的水平。"他认为，乔布斯在麦金塔、iPod 等产品发布会上的演讲已经成了时代的经典。

细心的人会发现，乔布斯的演讲总是含着一个戏剧般的故事。故事的情节吸引着观众去跟随主讲人的思路。比如，他会在每一场优秀演讲中都引入一个人人憎恨的"大坏蛋"角色（经常是 IBM 或微软），并且把苹果公司的产品塑造成向"大坏蛋"挑战的英雄，最终英雄获胜，现场观众情不自禁地起立鼓掌。

尽管如此，乔布斯却并不是什么天生的演讲大师。他那些让人津津乐道的演讲绝不是即兴的创作，而是由汗水和灵感铸成的。

在每一场发布会前，乔布斯都要对每一张幻灯片，每一句演说辞，甚至现场的灯光、音响等细节精雕细琢。他会不停地排练，不惜花上几百个小时，直到一切达到完美。他认为，达到完美永远没有捷径。

像乔布斯那样的天才都需要做大量的准备工作来完成演讲，相对平凡的我们更不能对说服的准备工作掉以轻心了。只要做好了相关准备，即便我们没有天才的能力，也能极大地提高说服的成功率。这就叫作"以有心算无心"。

我们需要完成哪些准备工作？

首先，我们要搜集说服对象的基本信息。

确定说服的对象之后，我们要多方收集对方的基本信息。比如对方的知识水平，多大年纪，何等收入，可能有什么兴趣爱好，目前正处于什么情绪或情感状态，等等。了解了这些基本信息，你可以进行扩展，以便事先准备一些可供"赞美"的点或者开场的话题，这样一来就能在一开始赢得对方好感，然后进入下面的问题。

其次，我们要**解决的问题是：你所要谈的东西跟对方有什么关系。**

"你说的这些跟我有什么关系？"这是很多人在与人沟通时经常会说的心里话。可以肯定，如果你忽略了这个问题，对方就会忽略你。也就是说，如果你要准备大量的素材作为说辞，这些素材必须是对方感兴趣的。

通常，人们最关心的事物有两个：一是他想要的，另一个是他担心的。而你所有的话题，基本上都要围绕这两个事物才行。

在销售培训中，我经常建议学员们在拿到产品之后先列出 50 个"非买这个产品不可的理由"。这些理由必须是从各类顾客的角度出发找出来的。准备好这些问题，当学员面对顾客时就能迅速找到话题。

再进一步，我还要求学员列出顾客"拒绝产品的理由"以及学员如何"对抗拒绝"的理由。总之，学员事先考虑得越多，他的说服策略就越灵活，那么他成功的概率也就越大。

最后，**设计一个戏剧化的说服思路。**

基本的说服思路模式是由对方感兴趣的话题入手，发掘对方想要的是什么，或者他担心的是什么，这可以理解为"顾客面临的问题"。

接下来，你要竭尽所能，从巧妙的角度放大对方的问题。最后，你要为你的建议进行包装，将其包装成能够解决对方问题的"方案"。

整体来说，设计说服思路应当遵循一个"发现问题—提出问题—放大问题—抛出解决方案"的基本套路。我的很多学员在使用了这个套路之后，销售业绩提升得非常明显。

内容进行到这里时，说服的五个基本步骤其实已经浮出水面了，即："赢得好感—发现问题—提出问题—扩大问题—抛出解决方案"。这五个步骤是针对陌生人的说服的完全框架，可以说，多数成功的说服都脱不出这五个步骤的范畴。在后面的内容里，我们还会用到这个框架。

Three

第三章

说服：80% 是倾听，20% 是表达

- 说服：80% 是倾听，20% 是表达。

- 有人说："沟通，80% 是倾听，20% 是表达。"对说服来说也是如此。表达固然是一项重要技能，但倾听更加重要，因为倾听不只会让你获得对方的好感，更能让你及时、准确地接收信息反馈，了解对方的真实想法，从而做出最有效的应对。

- 因此说服的一大遗憾就是：我们花了大量的时间来提升口头表达能力，但在正式的说服中却要学会闭嘴！

怎样听别人才会说

说得越多，想得越少

人类都有一个很奇怪的生理特性：就像说话和呼吸很难同时进行一样，当我们开口说话时，我们的大脑通常会停止思考。也就是说，在与他人交流的过程中，只有倾听和思考是可以同步进行的。

说服是一项需要思考揣摩的工作，因此我们必须要保证足够的思考时间，而思考就意味着我们要停止说话。那么我们就要面对一个很难协调的矛盾了：为了锻炼口才，我们要花大把时间学习语言表达，但在说服中却要学会闭嘴聆听。

这正是说服的一大遗憾。要记着，说服终归是一项用脑多于用嘴的技术，你越在他人面前长篇大论，你的大脑就越难跳出话题掌控全局，甚至还会让你忘掉原定的目标。

用心倾听的妙处

其实，倾听也是说服的一项必备技能。它最大的好处就是可以让你获得对方的好感。

广告大师乔治·奥威尔一向认为"沉默是金"。他曾说过："有一种战略好像对任何情况都实用，即让可能成为你客户的广告主滔滔不绝地说。你听得越倾心，他就认为你越聪明。"

有一天，奥威尔为拉到一单业务专门去拜访一位俄裔富商亚历山大·柯诺夫。他和柯诺夫一起参观了工厂，然后坐着柯诺夫的凯迪拉克返回纽约。这时，奥威尔注意到柯诺夫正看一本《新共和》——这个与政治相关的杂志只有很少的读者。

奥威尔知道机会来了。他装作不经意地问道："您是民主党还是共和党？"

"我是社会主义者。我曾经参加过俄国革命。"

"这么说您认识克伦斯基（一位俄国政治家）？"

"不是那次革命！"柯诺夫轻蔑地说，"是1904年的革命！那时我还是个孩子，我要赤着脚在雪地里走5英里去一家卷烟厂干活。其实我的真名是卡冈诺维奇。联邦调查局以为我是政治局里的那个卡冈诺维奇的兄弟。可是他们搞错了……"说到这里，柯诺夫得意地笑了，"我刚来美国的时候，在匹兹堡当机械工，每小时挣50美分。我的妻子是绣花工人，她每周能绣出14美元的活儿，可是从来没有得到过工钱……"

接着，柯诺夫告诉奥威尔，他曾在列宁和托洛茨基被流放期间与他们打过交道，并把一些打交道的细节绘声绘色地说了出来。奥威尔一直在一旁静静地听着，不时随着柯诺夫哈哈大笑。当他们到达纽约的时候，柯诺夫当场决定把广告业务交给奥威尔来做。"因为他（奥威尔）是个绝顶聪明的人！"柯诺夫事后如是说道。

实际上，奥威尔的聪明就体现在当对方长篇大论时他选择了闭口倾听。

当然，在大多数时候，我们选择倾听并不只是因为要获得对方的好感，也是为了及时、准确地接收和理解对方表达的信息，以此了解对方的真实想法，从而做出最有效的应对。

下面我再和大家分享一个我亲身经历的故事。

有一次，我到一家商城买路由器。一到柜台前，一个年轻的业务员就开始给我介绍产品了。他先后给我介绍了 3 款路由器，我记得其中有一款是华为的。他说那 3 款路由器是质量最好、信号最稳定的。然后他才问我，我想要什么样的路由器。我当时对路由器也不太了解，就随口说想要好一点的。接着他又问我要用在哪里，我说我在办公室用，有 10 多台电脑——其实只有 7 台，我当时故意多说了一些。

接着他又开始了长篇大论。他先讲了那 3 种路由器的质量是如何地好，只是价格只高那么一点点，又说我的办公室完全没有必要买端口太多的。就这样，他讲了足有 3 分钟，后来我实在听不下去，干脆换了一家店。

另一家店的业务员就很聪明。他一上来就问我，我们办公室有几台电脑，我对他说有 10 台，接着他又很随便地问了一句，您的办公室多大？我很自然地把我们办公室的基本情况都跟他说了。结果，他立刻向我推荐了一款 15 个端口的路由器，并说如果我哪天要添置电脑，就不用再买路由器了。我觉得他说得很有道理，于是当即掏钱买下了他推荐的那台。

有个搞电子的朋友告诉我，现在的路由器在质量上基本没什么差别，增加一个端口的成本最多也就1元钱，所以如果端口够用的话，多几个少几个也不会差太多。

但是有一点：顾客买路由器通常考虑的是什么？恐怕很少用户会担心质量方面的问题，就像我一样，更多时候他们考虑的是，如果添置电脑用不用再花钱买一个。也就是说，能不能用最少的钱"占到最大的便宜"。

我遇到的第一个业务员可能经验不够，只知道向我介绍他认为够好的产品，却没有留心听我表达意见；第二个业务员的经验就很老到，他没有主动介绍产品，而是通过倾听我的回答猜到了我的意愿，还特意向我介绍了一款端口超多的，结果正合我意。由此可见倾听是多么重要。

关于倾听的技巧

倾听也有一定的技巧。比如，在倾听的同时，我们要留心观察对方的表情和动作，用脑思考对方话语、表情和动作背后的含义，这样才能捕捉到对方传达出来的对说服有利的信息，从而决定下一步的行动。

关于倾听时应注意的事项，有如下几条：

1. 尽量采取开放式的身体姿势

开放式姿势一般是指，不用手脚或者其他物体紧贴、遮挡身体的姿势，要向对方敞开你的头、胸、腹等要害部位，因为这种姿势通常能给对方一种友善的暗示，让对方畅所欲言。注意，尽量不要翘二郎腿和双手抱胸，这两者给人的感觉都是难以接触。

2. 不要打断对方，不要轻易下结论

被人打断说话，对任何人来说都不是一件值得高兴的事；过早地被人下了结论，也会让人失去继续说下去的兴致。因此在倾听的时候，我们最好不要轻易插嘴。

3. 及时给对方一定的反馈

在对方说话时，你要适当地做出反馈，比如微笑，点头，说一句肯定的话，稍微变换姿势，等等。还可以让身体略微向对方倾斜，这样会给对方一种"我对你说的很感兴趣"的心理暗示。

4. 及时澄清模糊的内容

在倾听的过程中，难免会遇到听不清楚的情况，这时候一定要礼貌地告知对方，请对方重复一下，或者由你提出尚不理解的地方请对方解答。如果不这样做，你可能会在后面的沟通中因为误解对方的意思而引起对方的恶感。

5. 眼睛看着哪里

可能很多人都被一个交际礼仪方面的问题困扰过，那就是在与别人交谈的时候，我们的眼睛该看向哪里？

这里有一个基本的原则：既不能一味逃避对方的眼睛，又不能直接盯着对方的眼睛。

我们可以把视线集中在对方"眼睛以下，人中以上"这一带的区域，这样的注视会让对方感到安全、舒适。当然我们还可以把视线焦点放在对方眼睛后面，即看着对方眼睛后 20 公分左右的地方——好像正在看穿对方的大脑，这样的注视能无形中令对方产生服从的意愿，可以在争取谈判优势时使用。

最后我要再强调一次，聆听并不是单纯地听对方说话，在聆听的同时，你要充分抓住对方表达自我的机会进行思考，暗中揣摩对方的想法。总之，占说服 80% 的倾听，就是为了不动声色地捕捉到对方的真实想法。

倾听的前提是有效的提问

不要让对方说得漫无边际

在说服中一味听对方说话也容易陷入误区，因为对方可能会由着自己的兴趣越说越远，对我们的说服工作毫无帮助。因此，要做到有效地倾听，还需要有效的提问来配合。

通常来说，提问的问题需要视情况而定，但总要围绕着两个关键点来进行：对方想要的，或者对方担心的。我们也可以设置一些外围问题，最终把话题引向这两个关键点。大体来说，我们的提问分为两种形式。

1. 开放式提问

开放式提问就是不给对方限定，让对方就你的问题畅所欲言。这种提问方式最好用于刚刚开场时，不但有利于制造亲近的气氛，另外还可获得一定的信息，让对方觉得是他在主导谈话，从而为其制造参与感。比如：

当你想说服你的上司加大产品研发力度时，可以从这样的提问开始："李总，咱们公司最近两年的市场占有率一直在下滑，您觉得这是什么问题呢？"

当你想安慰生气的妻子时，可以从这样的提问开始："咱们从头理顺一下这事儿吧。你当时为什么要……呢？”

2. 封闭式提问

封闭式提问就是让对方做“选择题”，用事先设置好的答案选项来询问对方。这种提问可以迅速锁定对方的意图，也可以用来确认你了解的情况是否正确。

当然，如果你设置的答案对方全都不认同，就容易为交流造成负面影响，甚至让对方觉得你“自以为是”。因此，封闭式提问的前提是你已经掌握了足够的信息，并且至少能够给出对方可以认同的一条意见。

具体场景下的提问技巧

具体到不同场景，提问又有如下几种常用技巧。

1. 前奏型提问——开放式提问

前奏型提问大多属于外围提问，是说服策略中的切入点。它的意义就是告诉对方，回答你的问题是必要的，或至少是没有坏处的。前面触龙说服赵太后时，最开始使用的提问方式就是开放式提问。

比如我们平时可能经常这样提问：

“在为您推荐方案之前，我想知道您想对这个项目的投资额度是多少？”

“因为要给您开具发票，麻烦您告诉我您的单位，好吗？”

“请您再具体描述下当时的情景，可以吗？”

2. 引导——封闭式提问

“这两天的天气太糟了，是吧？”

“好多人都在戴口罩，您注意到了吗？”

"专家说普通的一次性口罩不能有效过滤'PM2.5'，您说呢？"

这类提问的答案只有两个："是"或者"否"。实际上，如果你一直打算用这种方式提问，一定要注意，所有的问题都应保持一致，最好让答案全都是"是"。这是"一致性"原理的典型应用。如果你让对方在你的一系列问题上或"是"或"否"，摇摆不定，他很可能会变得烦躁不安，因为他无形中把自己当成了"反复无常"的人，这种想法很容易让他心生沮丧。

3. 反问——开放式提问

反问就是，当对方向你提出问题时，你把问题抛还给他，让他先做回答。比如在报价时，当对方问你"这东西你卖多少钱"时，你可以反问："您能出多少？"反问有助于你了解对方的底线，判断对方的意图。

但是要注意，如果反问用得过于频繁，可能会让对方觉得你没有诚意。

4. 明知故问——封闭式提问

在提问中使用这种方法，能够暗示对方他想要得到的答案，但会避免直接说出答案的尴尬。毕竟有时候直接拒绝对方会给对方带来不快。比如，当对方看似毫无诚意地向你提出无理的要求时，为了不驳他的面子，你可以笑着这样回答："您觉得这可能吗？"

5. 沉默——封闭式提问

很多时候，当你抛出一个深入性的，或者比较难回答的提问时，可以保持一小段时间的沉默，给对方留下一段思考的时间。多数时候，你的沉默应该是用于鼓励对方，或暗示对方你将拒绝他的情况。

沉默提问适用的时机通常是说服进程的后段，已经进入了一决胜负的时候。这就要求我们的问题必须是直指核心的，而且前面已经做好了足够的铺垫工作。

总之，无论何种提问技巧都要把握好时机，提问的语气要适宜，提问的数量也要适度。关于提问数量，说服者有个重要的原则就是"事不过三"，即不能连续问对方三个以上的同类问题，否则对方就会感到厌烦。另外，也不要一下向对方抛出几个不同类型，或不同内容的问题，最好是一次只问一个问题。

做好了提问与倾听，我们就做好了80%的说服工作。然而那20%的工作也不能忽视。

可以说，即使只占说服20%的表达，也不是对自己意见的表达，而是从对方的观点延伸出来的表达。也就是说，你通过提问和倾听了解了对方的想法，然后要用从对方想法中提炼出来的观点、理由来说服对方，这样看起来就像是对方自己想要做什么，而不是被你命令着去做什么。用对方的理由来说服对方，你只充当"提醒者"的角色，这才是高明的说服策略。

关于这一点，我们会在以后的内容中阐述。

说服必要了解的简易"读心术"

每个人都可能对你撒谎

根据英国某机构的调查，一个成年男性平均每天要说 6 次谎话，女人则是 3 次。美国某机构的心理学家则通过实验证明：女人比男人更擅长说谎，她们的谎话无论在次数还是在水平上，都大大地胜过男性。

显然，"说谎是人类的本能"。

那么我们不得不面对一个非常严峻的问题：如果对方随时都有可能在说谎，我们怎么才能确保占说服 80% 的倾听都是有效的？我们怎么才能透过对方真真假假的话来了解其想法，从而有的放矢地进行说服呢？

幸好这个问题也有解决方案。

人是很难不说谎的动物，但行为心理学家（其中包括美国 FBI 等机构的研究人员）却告诉我们，在绝大多数情况下，人的身体是不会说谎的。因此，我们可以通过人的身体表现来猜测对方的真实想法，这种技巧被形象地称为"读心术"。可以说，大凡善于说服的人，多少都对"读心术"的技巧有所了解。

科学家们通过大量的观察和分析认为，当一个人处在放松的状态下，并且情绪没有任何波动的时候，几乎不会有任何的"小动作"（个别情况除外）。也就是说，以绝对的放松为前提，当你在交流中向对方传递了一段信息之后，如果对方忽然做了一个"小动作"，不管这个动作是不是习惯性的，不管它有多么不起眼，都极有可能在向你表明：对方的情绪有了某种变化，而这种变化，就是你判断对方想法的重要参考。

比如突然瞪大的眼睛，不经意的微笑，咬了咬嘴唇，摸后脑勺或者鼻子……所有这些表情和动作，都是对方对你的信息做出的反馈，再结合你对这个人的前期了解，他正在想些什么也就不再那么难以捉摸了。

下面列举了一些常见的小动作和表情特征。了解这些特征代表的含义，我们就可以在与他人的沟通中及时收到真实的反馈信息，以便及时调整说服的策略。

由动作和表情判断对方性格

1. 频繁眨眼：心胸狭隘的表现。面对这种人，我们更多地从他的角度来考虑事情。

2. 盯着别人看：警戒心强的表现。为了解除这类人的戒心，我们要花些时间来表明我们对他是"无害"的。

3. 说话音量很大：个性自我的表现。面对这类人，我们要给他们充分的表达空间，认同他们，赞美他们是第一位的。

4. 喜欢翘腿坐：有野心有行动力的表现。和这类人沟通要言简意赅，直切观点的要害，否则还是先洗耳恭听的好。

5. 边说话边摸下巴：为人谨慎的表现。和这类人沟通，不要急于发表见解，多列举事实，先让他自己做出判断，掌握了他的观点之后再出击。

6. 两手环抱在胸前：固执己见的表现。他有着强烈的主观观点，面对这种人，要学会用他的观点来与他沟通，在他的观点与你的观点之间寻找交集。

7. 笑时嘴两端上扬：善于社交，有亲切感，具有冒险和患难与共精神的表现。面对这类人，表现真诚格外重要，有一个小技巧是，你可以把自己包装成一个需要帮助的弱者，放大对方渴望成为"救世主"的意念。

8. 嘴角稍下垂笑：略属内向，注意细节的表现。面对这种人，你在说话时一定要小心谨慎，千万不可忽略细节，比如出现前后矛盾的地方。

9. 闭嘴，眯眼笑：倔强固执，有理想的表现。面对这种人，重要的是多让他说话，找到他的初衷在哪儿，然后顺势说服。

通过动作和表情变化破解对方心理

1. 单眼微眯或单侧嘴角微挑：表不屑、轻蔑之意。

2. 手摸眉骨附近的区域：表内疚、羞愧之意。

3. 下巴扬起，嘴角下垂：表自责。

4. 瞳孔放大：表生气、恐惧、兴奋、喜欢，配合其他表情，可以确定他此时的情绪。

5. 抚摸侧脸或摸耳朵：表紧张。

6. 听到某种观点后突然眯起眼睛：不同意、厌恶、发怒或不欣赏。

7. 双手纠缠：紧张、不安或害怕。

8. 身体向说话者倾斜：注意或感兴趣。

9. 懒散地坐在椅中：无聊或不感兴趣。

10. 坐在椅子边上：不安、厌烦、或提高警觉。

11. 男性摸鼻子或鼻子下方：想要掩饰什么。

12. 提问时眉毛微微上扬：明知故问。

13. 回答问题时不眨眼地盯着对方：很有可能在说谎。

14. 下意识地将某物体放在胸前（包括肢体）：焦虑的表现。

15. 重复说某句话，音量加大：那句话是谎话。

16. 鼻孔扩大、嘴唇绷紧：正压抑着愤怒。

17. 摸自己的脸颊（或所有靠近耳根的部位）：情绪紧张。

需要强调的是，以上结论只是研究人员根据多数情况总结得出的，不排除例外情况存在的可能。另外，随着人物的情绪变化或其有意地掩饰，很多表情和小动作都是转瞬即逝的，对说服者来说并不容易捕捉。要想成为说服高手，就要不断训练抓住细节的能力，不断提高自己的观察力。

如何揣摩对方的"言外之意"

奇妙的语言

语言是一种很奇妙的东西，同一个意思可以有无数种表达方式。比如，有人说你很有艺术天分，但他真正的意思可能是"可是你没有市场眼光"；说你的功劳大家都记在心里，真正的意思可能是"相对别人来说，你的功劳还是太小了"；说你有个性，真正的意思可能是"你这人真是太幼稚了"，等等。因此，我们要想听出对方那被各种虚幻的字眼所掩盖的真实想法，就要动点心思才行。

听对方话语之外的意思，就是说服中最基本的技巧——揣摩。

在很多场合，我们都能收到大量的应酬话，出于乐于被赞美的天性，我们通常会全盘接受对方的赞美，不去考虑对方的话是发自内心还是表面的客套——特别是在对方有意掩饰的时候。不得不说，这对说服者来说是很危险的一件事。

多数赞美都是言不由衷的

记得我刚到第一家公司上班时，碰到过一个极为"体贴"的吴姓上司，他是采购部的经理。每次见到吴经理时，他都是笑眯眯的，时常说些"你最近表现不错嘛""你上次的提议很好嘛"之类的表扬话，听到这样的表扬，我难免心生得意。但是时间长了之后我就发现，他不但对我这么说，也对别的同事这么说，而且一直用的都是那几句表扬话。

后来有一次我们搞了一个销售竞赛活动，我们这一组在全公司得了第二名。吴经理在颁奖时又对我们说："你们做得很棒！"我没有其他同事那么高兴，诚恳地对他说："吴总，请给些建议吧，我想知道哪里做得不够好。"结果，吴经理把我拉到一边，一连指出了几个问题。我听了之后茅塞顿开，这才知道原来我们的经验是那么浅薄，这次比赛能得到第二名，不过是因为恰好碰到了一个本来就想买我们产品的大客户。

吴经理只是出于客套才会经常对我们说些泛泛的表扬之辞，如果我没有追问他，可能就会一直被蒙在舒舒服服的"很好"和"不错"里，也就很难再有什么进步了。

在沟通中，为了讨好或者敷衍对方，也可能为了其他目的，人经常会说一些口不对心的话。如果我们轻信了对方的话，可能就会被对方误导，从而选择错误的说服策略。

倾听言外之意的技巧

那么，我们如何才能听出对方话里的"言外之意"呢?

1. 注意一些字眼

有些人在言不由衷时，通常会使用这些字眼："其实吧""说真的""老实说"，这时你要注意了，一个人越是这样说，他就越没有声称的那么"其实""真诚"或"老实"。反过来，当一个人下意识地说出"不过""你只要""对吧"等字眼时，他所说的话多数是他真实的想法。

值得反思的是，通常这样的字眼也会无形中减弱一个人话语的可信度。因此，对我们说服者来说，反而要禁绝这类口头禅！

2. 留意语气或动作的突然转变

我们在介绍"读心术"的章节里已经介绍过语气和动作的突然转变意味着什么，在这里仍然要强调一下。一个说话速度正常的人，如果突然加快了语速，或者突然说话犹豫了，你一定要警惕起来：如果对方有意逃避眼神的接触，身体摆出闭合的姿势，或者下意识地掩嘴或遮住脸上其他部分，不断地变换姿势，等等，他说的话多数是言不由衷的。

3. 欲言又止的情况

欲言又止是一种很微妙的表现。当一个人说话说到一半时突然不说了，表明他将说出他的真心话，但是碍于某种因素不好当面说出来，如果你足够聪明，应该马上鼓励他说出下面的话，或者通过他已经说出来的话揣测他的心思。

4. 忽略形容词

忽略对方的形容词是一个非常实用的技巧，但是可用的范围很窄，实际上要视对方的说话习惯而定。比如，一些言辞夸张的人有时会说："你做得非常非常地好！你真的好漂亮！"这时你千万不要以为自己真有那么好，也许最多不过是"好"而已。

5. 简短的表达

还有一种情况能够表明对方的言不由衷。当你向对方阐述了某种观点时，如果对方不停地点着头说"明白了""懂了""对，是的"之类的话，而没有配合一些欣喜或感兴趣的表情或动作，这就表示他并没有完全理解你的意思。你可以回想自己真正明白某个观点时的反应，孔子说："朝闻道，夕死可矣。"一个人在接受了新知识、新观点时，那种喜悦通常是溢于言表的，决不至于如此冷淡。

人都有自我的天性，他最希望的是把一切赞美堆到自己头上。当一个人对你不吝赞美之辞时，要么说明他确实深有感触——但你完全可以通过其他反应看出来，要么说明他是言不由衷的。

要想倾听对方的言外之意，要求你在说话时保持高度警觉，边听边看边思考，并且巧妙地回应，这样才能不断地提升自己的说服技巧。

不要站着跟蹲着的人讲话

沟通不利，从自己身上找原因

有一句很有意思的流行语是这样说的："永远不要和白痴争辩。因为他会把你的智商拉到和他同一水平，然后用丰富的经验打败你。"不言而喻，在与看似不可理喻的人交流时，多数人都会感到头疼。那种"对牛弹琴"的情况恐怕是最令说服者沮丧的了。

为什么我们的理由那么合乎情理，对方却完全听不进去呢？

不要怪对方见识短浅，要多从自己身上找原因。什么原因？你选错了说话方式。

通过阅读一些演讲大师的演讲稿我们会发现，他们在演讲中使用的步骤和基本技巧总体上没有什么大的变化，但是演讲稿的内容却随着听众的不同而大不一样。这就是我们前面所说的"到什么山上唱什么歌"了。

回顾我们自身的经历，你绝不会对一个成年人用与孩子交谈的口吻说话，也不会向孩子大讲一些成年人才能懂的道理。为什么孩子和成年人不一样？因为两类人群的经历不同。既然我们能够承认孩子与成年人不同，也就应该承认成年人与成年人的不同，毕竟每个人都有独特的经历，因此也就有了不同的价值观和认知水平。

比如：你要对一个没上过中学的商店老板大谈"定位战略"，对方一定听不明白，可如果你说"这个小区小孩很多，你可以多进几种零食来卖"，他马上就能领会你的意思；你跟一位残疾的老人讲你卖的自动轮椅里加入了什么合金，他很可能没什么概念，可你要是说"它用的是造飞机的材料"，对方立刻就明白这个轮椅有多么结实了。

蹲下来和人讲话

在第二章里，我们讨论了形象包装的问题，认识到说服者应该具备的一个必要素质是自信。然而过度的自信恰恰会导致自以为是，让我们陷入"对牛弹琴"的尴尬。

作为说服者，必须要懂得变通，能够随形就势。这么做听起来好像有点自降身份的意思，未免让人感觉"丢面子"，但是要想成功说服，就不能顾及这种毫无意义的"面子"。

在说服中讲究变通，形象一点说就是"不要站着跟蹲着的人讲话"。要做到这一点，我们必须在说服中始终牢记自己的目的，极力控制自己"自我表达"的欲望，应该时刻以对方的观念和认知水平为基准来进行交流。

战国法家学派的代表人物商鞅深明治国之道，但在魏国却得不到重用，后来到了秦国。在秦国大臣景监的引荐下，商鞅见了秦孝公。他一见面就向秦孝公大谈上古时"三皇五帝"治理天下的办法。没想到秦孝公竟然听得睡着了。事后，秦孝公责备景监说："那人一来就对寡人大谈什么'三皇五帝'，简直迂腐无用！你为什么要推荐这样的人呢？"

景监私下里把秦孝公责怪他的话说给商鞅听，商鞅很后悔。过了几天，景监又引荐商鞅来见秦孝公。这一次，他给秦孝公讲了夏、商、周三个王朝的治乱之道。秦孝公听到一半，毫不客气地说道："你说的这一套东西根本不实用！"接着把商鞅赶了出去。

景监又在私下里责备了商鞅。商鞅说："现在我明白君主的意思了，麻烦您再为我引荐一次吧！"

过了几天，景监硬着头皮向秦孝公再次推荐商鞅。商鞅见到秦孝公，上来就说春秋时期齐相管仲帮助齐国称霸天下的方法，秦孝公听了很感兴趣，认为商鞅是个有真才实学的人。后来，商鞅果然得秦孝公重用，通过变法让秦国成了战国时代首屈一指的强国。

商鞅因为不了解秦孝公的想法，向他大谈古代贤君圣主的治国之道，结果反而被认为是个迂腐无用的人；后来和他谈起齐王称霸的方法，却得到了认可。这样一位深明治国之道的政治家，却因为说的话不同而受到了不同的对待，可见在说服中讲究变通是多么重要了。

"秀才遇到兵，有理说不清。"这种现象在生活中并不少见。面对不可理喻的人，我们有时会冷眼不屑，有时极力表达观点以证明自己的高明，这两种做法在说服中都是应该极力避免的。须知你即使真的十分高明，对方如果没有你的见识，也不会明白你的高明之处，甚至还会像秦孝公骂商鞅一样背后骂你"迂腐"。

对此，明智的做法是放低姿态，"蹲下来"和他交流。在说话内容上，我们要尽量选择与对方理解水平相符合的言辞。与所谓"俗人"交流不妨就说点"俗话"；在与有见识的人交流时不妨也把话说得文雅一些。还是那句话，即便自己的理由再合乎情理，也要优先使用对方的理由来说服对方。

另外，在说话方式上也要有所注意。无论是语调、音量还是语速，我们都要尽可能地接近对方，这样才更容易获得对方的认可。一旦对方认可了我们，我们想表达的观点就更容易被其接受了。

在此我们要明白，说服是一项在暗中策划、进行的活动，你就像渔翁一样看着鱼儿戏耍你，任它们吞吐鱼钩，直到把鱼食吞下肚才拉起鱼竿。如果你时时处处想胜在明面上，想大张旗鼓、风风光光地说得对方心服口服，那就永远不可能成为真正的说服高手。

记住，成功说服的要诀之一是隐秘！

只说对方愿意相信的

人最愿意相信的永远是自己的判断

现在我们已经能够得出结论了：美国当年攻打伊拉克是一个荒谬的错误。当时，美国当局声称萨达姆"拥有大规模杀伤性武器"，结果差点把伊拉克翻了个底儿朝天，最终还是一无所获。对此，时任总统的小布什义正严辞地辩解道："我比任何时候都更加确信，我当时做出的决策是正确的！"后来他又在私下里说："一定是有人出错了，他们给了我错误的情报。"有人因此批评小布什"厚颜无耻简直到了不可理喻的程度！"

也许我们不该过分苛责小布什先生，因为我们每个人都曾犯过类似的错误。

心理学家认为，每个人都着力于维护自己的信念，当事实和信念不一致的时候，人们宁可坚持自己的信念也不愿相信事实。换句话说，人们只相信自己愿意相信的东西，因为这关系着人们的自尊和被认同感，是一种自我防卫的心理机制。

如果我们把一个人最愿意相信的事物排个序，排在首位的一定是"自己"，其次是"权威"，再次是"事实"，最后是"真相"。

这里要简单介绍一下"事实"和"真相"的区别。大多数的广告、

83

宣传语和流言等都是混淆事实与真相的"神作"。比如王老吉能治口腔溃疡这一传言的产生。

谁也没有足够的证据表明凉茶可以医治口腔溃疡，但有人在服用凉茶之后，口腔溃疡确实好了。因此当另外一些人刻意把这件事宣传开来，凉茶能治口腔溃疡的观点就被很多听说过"怕上火喝王老吉"的人轻易接受了。可这并不是真相。真相很可能是那个人心情变好，溃疡症状自行消失了。

无论如何请记住一点：相对事实来说，很多真相反而是难以让人接受的，多数人都对真相不感兴趣，他们更愿意相信的是被"合理"包装起来的"事实"。

前些年世界各地曾经出现过很多"麦田怪圈"，有些人说那是"UFO"（不明飞行物）留下的痕迹，也有人怀疑这是人们搞的恶作剧，但是大多数人都坚信人类不可能搞出这么古怪的东西。后来，有人把摄像头装在麦田里，这才发现真是一些UFO爱好者在搞恶作剧。因为怪圈太过离奇，人们就更愿意把它视为神秘的现象。

人竟然是如此的"不可理喻"。那么在说服的过程中，我们究竟要怎么说对方才肯听呢？

怎么说，对方才肯听

答案是：只说他愿意相信的话。

他愿意相信什么？就如上面所列举的：要么是他自己的信念，要么是权威的意见，要么是被"合理"包装起来的事实。销售界有一句很著名的口号是这样说的："一流销售卖理念，二流销售卖品牌，三流销售卖产品，四流销售卖价格。"——跟我们这里说的基本是一个意思。

有位顾客在某 4S 店看中了一款车子。他围着车子转了几圈，问销售员："你们这款车子，性能怎么样啊？"

销售员很聪明，不直接回答。"您之前了解过这款车子了吧？"

"我听别人说这款车还可以，但是不知道具体怎么样。"

销售员说："这款车从上市到现在已经 6 个多月，总共已经卖出了 7 万多台，只我们店一个月都能卖掉 100 多台，论坛上用户们都说这款车的发动机性能很棒。"

顾客笑了笑："那也不能证明它真有那么好吧？你们的广告打得那么花哨……从外面看着还算不错，不知道发动机的性能怎么样？"

销售员说："我来给您演示一下。"说完，他拿个纸杯倒满了水，放到了发动机的盖子上，然后钻进驾驶室发动车子，将油门踩到底，发动机转速逐渐达到了峰值。"您看！"销售员同时说道，"看杯里的水！"

顾客探头看着杯里的水，随着发动机的振动，杯里水面呈现出一圈一圈的水纹，但是一滴水也没有洒出来。顾客顿时看呆了。

销售员关闭发动机，出来对顾客说："相信您也知道，振动越小的发动机，它的制作工艺就越好，性能就更棒，使用寿命也更长。刚才我把发动机转速开到最大，这杯水一滴都没洒出来，可见它的性能了。您可以用这个方法去测试同价位的其他车子，相信会有自己的判断……"

"好吧，就是它了！"顾客拍了拍车顶说。

在这个案例中，这个聪明的销售员没有说一句废话，并且他的每一句话都是围绕着顾客愿意相信的话题来说的。

当顾客说他"听别人说这款车还可以"时，销售员马上向对方描述了该款车的热销情况，表明大家都认可了该款车；而当顾客对车子发动机有疑问时，销售员当场用水杯振动的方法向顾客展示了发动机的性能。

从专业角度来说，水杯测试并不严谨，但它有一个好处就是"简单而直观"，对普通用户来说，简单、直观，而且看起来又很"合理"的事实是非常有说服力的。所以那位被震撼到的顾客很快做出了购买的决定。

从对方角度出发

有个朋友和我分享过一件他的家庭琐事。

他们夫妻和他的父母住在一起。那时，他的妻子刚为他生了一个白胖的儿子。父母自然非常欢喜，恨不得时时刻刻盯着孙子，有时甚至连门也不敲就"闯"进他们的房间里来看孙子，让他妻子不胜其扰。有一天，妻子终于为这件事发火了。

他劝妻子："这有什么呀！二老好不容易盼来一个孙子，这么欢喜也很正常嘛！"

妻子这么抱怨："什么呀！你看他们总把孩子抱到客厅睡觉，还教他啃手指头，给他用粗棉布的尿片，害得他身上长了好些小红痘……"说着说着差点掉眼泪。

他说："这有什么？咱们当年不都是这么养大的嘛！"

"可是……"妻子一时词穷，接着转移了话题。她一连列举了七八件琐事，每件事后都跟着一句对公婆的抱怨。

他在一旁静静地听着。他的妻子絮叨了足有一刻钟，忽然气愤地说："……他们老抢着抱孩子，一天下来，我就在喂奶时能抱孩子一小会儿！你说我到底是个当妈的，还是个喂奶机器呀？真是气死人了！"

这时，他终于明白了妻子发火的原因。于是说道："你要知道，天底下跟儿子最亲的只有妈妈，不管现在爷爷奶奶和他有多亲热，将来他长大成人，一定是和你最亲的！"

"谁说的啊？"他的妻子的表情缓和了一些。

"电视上都这么说啊。我也有发言权啊，我不就是一个做儿子的嘛。"他说。"所以你现在应该庆幸有爸妈帮咱们看孩子啊。等他们年纪再大一些，连孙子也抱不动了，咱就得自个儿照顾儿子了。你也知道，小孩子最难照顾的时候还在后头，你现在要不让他们抱孙子，那他们往后也不愿帮咱照顾儿子，到时候一晚上都没得睡，你可别再抱怨啊……"

他的妻子听到这里，总算转嗔为喜了。

儿子和妈妈最亲，这一观点是否确凿有待考证。当然，在这里讨论它的正确与否也没有什么意义。重要的是，天下所有的妈妈出于对儿子的爱，都愿意相信这个观点，因此当这位朋友这样说时，他的妻子立刻就相信了。朋友的做法很值得我们在说服他人时借鉴。

一个朋友跟我分享过这样一个故事。

这个朋友是做杂志发行的。有一天，某杂志社打来电话质问他的同事："为什么我没有在首都机场的书店里见到我们的杂志？你们的工作是怎么做的？"事实上，朋友所在的公司还没来得及与机场书店接洽。那位同事是位新手，没有经验，不知该如何作答，马上用眼神向我朋友求助。这位朋友接过电话来说："是这样的，我们打算把首都机场作为一个重点来做，目前正在协商合作事宜，最迟这个周末就可以得到一块重点展位了。"对方听了之后，挂了电话。

只说别人愿意相信的，要做到这一点，就要求我们不能以自己的意志为中心，而要站到对方的立场，以他的角度来揣摩他最愿意相信的是什么。我们不能妄想改变他人的初衷，也不能刻意迫使别人接受他不想相信的东西，只能从他人的角度来设计表达内容。

在这里，我们不妨把"麦田怪圈"的典故利用起来。一旦你迫切地想告诉对方所谓的真相，或者很想把自己的某种观念强加于人，不妨就在心里默念一句"UFO"——这是为了提醒自己，对方更愿意相信的是"UFO"，而不是什么"恶作剧"！

如何表达更容易打动对方

艺术化的表达

接下来我们要介绍的是语言表达的技巧。

因为语言的丰富性，出色的语言表达完全可以称为一门艺术。同样一件事，当我们从不同的角度来表达时，就会呈现出不同的事实。比如那个著名的"屡败屡战"的典故。

清末重臣曾国藩曾负责镇压太平天国起义。平江人李元度是曾国藩的下属，因为不懂带兵打仗，几乎每战必败。曾国藩很生气，在给皇帝的奏折中说李元度"屡战屡败"。曾国藩的一个幕僚认为这样不妥，因为部下作战不利主将也有责任，于是建议曾国藩把"屡战屡败"四字改为"屡败屡战"。后来李元度果然因此免罪，皇帝还特意颁旨表扬了他。

"屡战屡败"和"屡败屡战"描述的其实是不同角度下的同一件事。只不过把其中两个字的顺序调换了一下，一个作战无能的草包马上变成了英勇不屈的战斗英雄。不同的事实就是这样以事件为材料，通过不同的表达方式"造"出来的。

"屡败屡战"的故事已经成了历史，然而类似的故事直到今天仍然是层出不穷——因为销售、营销、谈判、说服等工作莫不在使用相同的技巧。比如，"超级巨星某某某倾情出演！"我们也许都在电影海报上看到过类似的宣传语，然而看了电影却大有上当受骗的感觉——那位超级巨星只不过客串了一个角色，出场时间也就几秒钟而已。

当然，我们既不提倡像曾国藩的幕僚那样"不顾底线"，也不提倡像电影广告那样夸张，我们只要以事件为基础，以对方愿意相信的角度，塑造一种让对方喜闻乐见的事实即可。这就是我要强调的说服中的表达技巧。

说服常用的表达技巧

说服中常用的表达技巧有如下几种。

1. 避重就轻的表达

避重就轻，就是忽略事情中对说服不利的部分，只拣最紧要，对方最关心的内容来说，就像拉鱼网，让那些无关紧要却有可能导致不良后果的问题都从网眼里漏下去。上面曾国藩的幕僚就是使用的这种方法。

其实我们平时经常使用这一方法，只是没有意识到而已。比如当我们向客户介绍某个项目时，绝不会把这个项目的缺点都告诉对方。推而广之，世上没有绝对的完美，任何一件事物都有其优点和缺点，我们喜欢的大多是事物的优点，因此看到的也总是事物的优点。现在，我们要做的就是在此基础上再大胆一点，再艺术化一点。

这需要我们对我们所介绍的事物或观点有充分的了解，对说服对象的立场也要有所了解，如此才能决定话题素材的取舍。

2. 将小问题放大

这一表达方法应用的是"得失原理"。人担心失去总是大过得不到，因而当我们刻意强调在某一事件中他会损失什么，借此放大他的恐惧时，他就会格外关注我们所说的，并做出相应的决定。

苹果公司在研发 iMac 电脑时，供应部件的生产部门出了点问题，导致项目进度变慢了。乔布斯认为这个问题非常严重，从项目负责人开始，把每个人都挨个儿骂了一顿。"知道吗，我们是在努力拯救公司！"乔布斯对着项目组的人大喊道，"而你们却要把它毁了！"

在场的人都感到有些冤枉，因为项目进度变慢不是哪一个人的问题。然而同时大家也感到了巨大的压力，好像他们真的在毁灭公司一样。会议一结束，大家就投入了更为紧张的工作，殚精竭虑，废寝忘食，终于赶在产品发布会之前制作完成了令世人惊艳的 iMac 样机。

乔布斯指责员工在毁灭公司肯定是夸张之辞，然而这种夸张的指责却收到了惊人的效果。究其原因，尽管他说得并不合乎情理，却引发了员工们对"辜负其他同事"以及"毁掉公司"这两项罪名的恐惧——大家都担心因此失去同事们的尊重和信任，所以才加倍地努力工作。

这就是语言对人的影响力，在这种直击情绪的冲击力面前，理智几乎毫无作用。对管理者来说，乔布斯的做法很值得借鉴（但是别像他那么暴虐）。

在我的销售培训课上，我也经常强调，销售员应该掌握"放大用户问题"的技巧。如何放大用户问题？西方流传的一个民谣可以作为这一技巧的"心法口诀"：

丢了一颗钉子，掉了一块马蹄铁。

掉了一块马蹄铁，倒下了一匹战马。

倒下了一匹战马，阵亡了一位将军。

阵亡了一位将军，输掉了一场战争。

输掉了一场战争，灭亡了一个国家！

读了这首民谣，相信聪明的销售员应该知道如何把一颗钉子卖给一位国王了。

和钉子是为了钉住马蹄铁一样，任何一种产品都是为了解决某个问题而制造出来的，销售员要做的是，从那个问题出发，将可能出现的危害一步步连锁放大，直到向顾客展现一种"灾难性"的后果。

3. 愿景式表达

很多成功的企业家都是愿景表达的大师。马云就是一个典型。他在创办阿里巴巴的时候就提出了一个口号："让天下没有难做的生意"，后来又声明阿里巴巴是为了"帮助中国的中小企业发展壮大"。他给做商务网站的商业活动加上了一个造福于人的愿景，从而激发了员工的使命感和责任心，也赢得了广大用户的认可。

愿景式表达也被广泛应用在营销领域。我们看到，很多广告都没有重点展示其产品的特点，而是向消费者展示了使用其产品后的愉悦情景，比如一些白酒的广告里都有一家人在餐桌上其乐融融的画面。

还有，市场上的洗发水品类不计其数，有些人甚至几十年里只用某一款洗发水。难道说他（她）试用过所有的洗发水，从中选择了一种最好的吗？显然不可能。关键就在于他（她）受了广告的影响，广告中描绘的愿景符合他（她）的愿望，因此他（她）才认可该款洗发水。

就像广告一样，在说服中，愿景式表达也在于令对方产生一种憧憬，放大对方在做出某种选择后所得到的好处，从而加重其对该种选择的倾向。这种表达要充分考虑对方的条件或处境，以便准确描绘图景，带给对方身临其境的感受。

某品牌手机加入了一项夜拍功能，并在广告里强调："大光圈、优质感光元件，保证暗光的效果，夜拍能力超强的手机！"但是对普通的手机用户来说，他们对手机使用了什么材料和专业技术并不十分感兴趣，他们只想知道使用了这款手机之后能做什么。于是后来广告变成了："能够拍星星的手机！第一次，你可以用手机拍摄璀璨的夜空。"结果大受用户欢迎。

每个人都有仰望星空的体验，也有过想拍下星空的想法。上面的广告就充分利用了人们这一体验和想法，用一句令人拍案叫绝的广告语为人们画下了一幅具体而且清晰的愿景，刺激了人们的购买欲望。

愿景式表达是一种艺术化的表达。就如管理学家加里·胡佛在《愿景》里说的："愿景实际上是指人的一种意愿的表达，而这种意愿的表达需要有良好的知识准备并且具有前瞻性。"你想说服员工为你卖命吗？不要再用奖金引诱他，向他描绘一幅美好的愿景吧！

以上三种表达方式，第一个是总括性的，第二个针对的是对方所担心的，第三个针对的是对方想要的。事实上，说服可能面对的情况千变万化，表达方式也不止三种，但都可以视为三种表达方式的变化。只要掌握这三种基本方法，你就拥有了说服表达的"内功"，只要善加运用，就能在说服中无往不利。

Four

第四章
别指望对方"讲道理"：
70% 是情绪，30% 是内容

- 7 大心理学原理已经告诉我们，人很难不被情绪左右，也就是说，一个人"不讲理"的时候居多——这就是人性。基于这 7 个原理，我们的说服策略将与我们平时认为的大不相同。因此说服的策略核心是：绕过理智，攻击其情绪。
- 本章将重点介绍如何通过解读、控制人的情绪来达到说服的目的。

这是一个"非理性"的世界

两个匪夷所思的故事

本节我们主要探讨两个问题。

问题一：世界上赚钱最快的生意是什么？

提示：不是工业、高新科技，不是房地产，也不是股票。

在某豪华酒店停车场，一辆保时捷跑车迅速开进来，停到了最近的一个泊车位上。这时，一辆宝马车也开了进来。宝马车主发现附近已经没有了车位，掏出一百块钱走到保时捷车前，敲开车窗说："我给你 100 块，你把这个车位让给我吧！"

保时捷车主立刻从包里掏出一把钞票，朝宝马车主脸上甩了过来，说道："我给你 1000 块，你给我有多远滚多远！"

可见世界上赚钱最快的生意是向一个"暴发户"脸上甩钱。

问题二：世界上最能创造财富的小孩是谁？

提示：不要考虑富豪家的小孩。

2013 年，一位韩国母亲将其女儿布里安娜的照片发布到了网上，结果布里安娜的美貌与天真引起了网民的巨大轰动。后来，一位富有而高调的阿联酋人特意拍下了一段布里安娜唱歌跳舞的视频上传到某网站，顿时让布里安娜成了阿拉伯世界家喻户晓的人物。

从 2014 年 5 月开始，布里安娜经常收到来自世界各地的富豪的价值不菲的礼物，有 LV 皮包和香奈儿香水，甚至还有兰博基尼和劳斯莱斯这样的豪车，其"粉丝"手笔之大简直令人咋舌。不久之后，布里安娜一家还获得了在世界时尚之都——迪拜永久居住的权利。

布里安娜收到过很多粉丝的留言。有一位女士甚至说："我爱她更甚于爱我自己的孩子！"还有一个富豪甚至以教徒般的虔诚说："我的生命并不完整，直到我遇见她！"

世界上最能创造财富的小孩无疑就是这位"布里安娜"了。

以上两个问题的答案很让人吃惊，然而却是真实发生过的事情。不管是保时捷车主还是布里安娜的粉丝，他们的行为都让我们普通人难以理解。其实这两个问题不过是一个问题：是什么让那些富人们做出了如此不可思议的决定？

——是情绪。保时捷车主甩钱"打脸"是因为愤怒；布里安娜的粉丝争相送出豪礼则是出于喜欢和攀比。

这是一个被情绪控制的世界

从内心来说，每个人都愿意相信世界是客观的、公正的，并且一定有一套理性的、逻辑井然的秩序支撑着社会的运转。可是生理学家的研究表明，情绪比理智更接近我们人类的本能，它时时在控制我们的思想和身体，而理智只能在较短的时间完全发挥作用。也就是说，人本身是偏向"非理性"的动物，我们不顾一切地寻找理性，正是因为我们缺乏理性。

情绪比理性更容易接管我们的思想和身体，而且总是会导致让人矛盾和痛苦的决定。很多时候，我们的理智能告诉我们什么是错的，但我们却不能说服自己不犯错。最典型的例子就是，很多人明明知道大量吃零食会让自己变得更胖，却一次又一次地买了大包大包的零食回家；所有抽烟的人都知道抽烟对健康危害极大，却很少有人去主动戒烟，因为他们至少有一卡车的理由说服自己继续抽烟，而这些理由显然都不是出于理智的。

再比如，当我们遇到了烦心事，即使我们知道一遍又一遍地想着那件事也是于事无补，不如早点睡觉；但是，我们对此事的后果的担心却让我们的大脑转个不停，很难进入睡眠状态。这时候，烦恼的情绪正强硬地支配着我们的思想和行为。

既然情绪比理智对我们的影响更大，当我们在说服中无法用"充分合理"的理由说服对方时，不妨绕开理智，直接攻击对方的情绪。当对方的思维被情绪控制时，理智就会失去作用，从而有可能做出我们想要的决定。

操控的关键是控制情绪

关于情绪对决定的影响，美国加州大学伯克利分校曾做过相关研究。

在该研究报告中，一位心理学家指出：一个人偶然的情绪变化会影响我们对事情的判断，并做出相应的决策。

那位心理学家共招募了100多名学生进行实验。他将这些学生分成了两组：第一组的学生负责分配实验报酬，为"提出者"；第二组的学生接受分配，为"接受者"。

接下来，接受者们按要求分成了两批，其中一批看了一段轻松愉快的、能引起他们积极情感的电影剪辑；而另一批则看了一些令人感到愤怒的电影剪辑。同样，提出者们也看了一段电影剪辑，不过他们看的是科教片段，不带任何感情色彩。

看完电影剪辑后，研究人员将接受者和提出者一一进行随机配对，由提出者决定如何分配做实验的报酬：可以是双方各50%，或者是提出者占75%，接受者占25%。提出者事先知道接受者看的是哪种类型的电影剪辑，而在接受者中，只有一半知道提出者知道他们的情绪状态，另一半不知道。

实验结果表明，当提出者知道接受者处于高兴的情绪状态时，总是倾向于"欺负"接受者，即只给他们25%的报酬，并且多数都能成功；如果对方情绪不佳，他们则"不敢欺负"对方。而且，如果接受者知道提出者了解自己当下的情绪，提出者竟然会"不好意思欺负"接受者。

由这个实验我们可以知道，当人在高兴的时候，往往能够容忍别人"占便宜"。因此，对说服者来说，最有利的提要求的时机是在对方高兴的时候；反之，当你高兴的时候，最好不要做什么重要决定。

控制对方情绪的小技巧

那么，我们怎样隐秘地挑起对方情绪，让情绪为我们的说服服务呢？如果你已经掌握了 7 大心理学原理，就完全能够自己解答这个问题。在这里，我只列举三个最实用的小技巧。

1. 赞美

我们已经说过，适当的赞美是绕过理智直击情绪最简单、有效的方式之一。很少有人能完全抵御这颗糖衣炮弹的攻击。当一个人受到赞美时，他的兴奋情绪就会被调动起来，从而更容易听我们说话。

我们应该都有过类似的经历。当我们向一个陌生人搭讪时，对方通常会表现出一定的警觉，好像随时准备拒绝我们。但如果我们发现对方身上一个值得赞美的地方，并大方地表达出赞美之辞，就会迅速消解对方的警觉，甚至和对方像熟人一样攀谈起来。

比如：我们在路上看到一个人牵着小狗散步，如果说一声："这小狗真可爱！"对方马上就会对我们露出笑容，这时候我们再向对方提出要求，对方一般都不会生硬地拒绝；如果我们没有经过这个步骤就上去向对方提要求，对方很可能牵着小狗快步走掉。

2. 指出对方担心的情况

担心源于恐惧。人在恐惧面前会不由自主地想到他真正害怕的东西，而想到他害怕的东西会更让他感觉恐惧，从而生出求助心理，如果你的意见恰好能帮他脱离恐惧，他就很容易接受。

20 世纪末，日本的软银集团开始在世界各地大力投资互联网企业。软银 CEO 孙正义很看好杨致远创办的雅虎网，在杨致远刚刚创业时就向他投资了 100 万美元。1996 年，孙正义打算继续向雅虎投资，但当时杨致远已经不缺钱了，而且正在筹划上市。

为了投资成功，孙正义专门拜访了杨致远。一提到投资的事，杨致远就说："我现在不缺钱。"孙正义问杨致远："你的竞争对手是谁？"杨致远说是网景。当时网景已经上市，具备了一定的优势。

孙正义说："好吧。我有 1 亿美元，是一定要投一个互联网企业的，如果你不接受我的投资，我就去投资你的竞争对手！"杨致远马上说道："你还是投我吧！"就这样，雅虎接受了软银 1 亿美元的投资。后来雅虎上市，软银只出售了 5% 的股票就获得了 4.5 亿美元的现金回报。

如果杨致远足够理智，在不缺少资金的情况下完全可以拒绝孙正义的投资，但是当孙正义提出要投资其竞争对手时，他的恐惧情绪就发作了，于是做出了接受投资的决定。实际上，就算他拒绝孙正义的投资，也未必一定会在竞争中输给竞争对手。

3. 否定对方

否定代表拒绝，通常被人下意识地视为一种攻击性的行为。所有人在否定面前都会感到不快，大多数情况下会表现为不同程度的愤怒。

一位美国心理学家曾经说过："人在愤怒的时候智商为 0，时间大概会持续 1 分钟。"确实，人在愤怒的时候往往会丧失理智，做出一些出格的举动。我们常说的"激将法"就是这种情绪控制技巧的典型应用。

《三国演义》里有这样一段故事。刘备依附刘表失败，被曹操大军逼到山穷水尽，不得不求助于江东孙权，于是派诸葛亮去游说孙权。

与江东群儒一番舌战之后，诸葛亮见到了孙权。孙权问诸葛亮曹操的兵力究竟有多强，诸葛亮说曹军三军加在一起有 100 多万。

孙权不敢相信："其中怕是有诈吧？"诸葛亮为孙权算了算曹操的兵力构成，最后得出结论：曹军兵力大概在 150 多万，他之所以只讲 100 万，是怕吓到江东的人。

孙权听了很不高兴，问诸葛亮："那依先生之见，我是战还是不战呢？"诸葛亮说："如果以东吴的人力和物力能与曹操抗衡，那就战；如果您认为敌不过，那就降！"

孙权反问道："既然这样说，那您的主公刘备为什么不降呢？"诸葛亮说："古代的田横不过是齐国的一个壮士罢了，尚且能坚守气节，宁可死也不投降于敌人，何况我主刘豫州是皇室后代，盖世英才，怎么能甘心投降，任人摆布呢？"孙权的火立刻被激了起来，于是决定与曹军作战。

诸葛亮表面上说刘备是英雄，不甘心投降曹操，言外之意却是在否定孙权是英雄，这样一来就激怒了孙权，孙权为了证明自己也是英雄，这才做出了与曹操为敌的决定。

在沟通中，当一个人因为被否定而感到愤怒时，往往搬出更强有力的事实，或用某种行动来维护自己的观点，就像孙权用与曹操作战来证明自己也是个英雄一样，在这种情况下，你就有可能趁势达到自己的说服目的了。需要注意的是，在说服中否定对方，需要谨慎地表达，千万不能直接地否定对方，因为这样可能会导致对方的反感，从而故意与你作对。

通常来说，否定对方有两种可取的表达方法：第一个是像诸葛亮激孙权一样，用另外一个角色的案例来反射对方的不足；第二个方法是把否定意见包装成别人的看法，别让自己直接去"得罪人"——比如你可以这样说："我听说……"或者"有人说……"

受情绪影响的不只是被说服的人

情绪最大的麻烦在于每个人都会被情绪控制。对方就算知道我们在挑动他的情绪，也难以逃开情绪的支配。反过来讲，被情绪控制的人不只是被说服者，还有我们自己。

当我们在攻击对方情绪的同时，我们自身的情绪也同样暴露在对方的言语下。不管对方是有心还是无心，他的言语都有可能触及我们的心理敏感区，从而引起我们情绪的变化。一旦我们也被情绪支配，我们的观察和思考能力就会大打折扣，我们的判断也往往会出现一定的偏差，那么再完美的说服计划也都难以实现了。

最常见的情况就是当我们被对方拒绝、批评甚至辱骂时，我们的情绪极有可能会发作。销售业同行们想必对此深有感触。那些不能克制情绪的同行很有可能被对方激怒，进而转身离去。

你也许遇到过"喜怒不形于色"的人，在与他们沟通的时候，当你向他表示友好，他却没有回应时，你难免会生出一种挫败感，如果不对这种失望的情绪加以控制，你很可能会就此打了退堂鼓。

上面的实验还告诉我们：当你打算"占便宜"的时候，绝对不能让对方发觉你的意图，即不能让对方看出"你知道他很高兴"；一旦对方知道了，你的情绪也会发生变化，下意识地做出让步，从而放弃"占便宜"的机会。这就要求我们在说服中要做到"心如止水"。

当我们保持"静若止水"的心态，就能尽量避免情绪的影响，从而保持足够的理智来收集和分析对方的反馈信息，以便确定说服的思路。

控制自己情绪的技巧

那么，如何才能保持"静若止水"的心态？

本人的经验是，当自己的情绪发生波动时，可以借助暗中的深呼吸让自己的呼吸和心跳平静下来，或者暗中握紧双拳，用一定的节奏紧握数下，以提醒自己保持冷静。或者索性暂时中止说服，等下次再说，以免因情绪失控破坏对方对自己的好感。

当然，以上只是临时应急的手段，要想始终保持心如止水，你需要有更广阔的视野，更宽大的心胸。但视野和心胸并不是一朝一夕能够培养起来的。具体培训方法可以参照第二章第三节中关于"内在形象包装"。

如果你不能保证自己的情绪不被对方影响，就要采用更强硬的姿态进行说服，即事先了解对方的准确信息，制订相对完备的计划，以便掌握控制对方情绪的主动权，尽量不给对方反击的机会。这正是我们在后面几个小节中将要重点介绍的内容。

如何快速引起他人的兴趣

在说服的五个步骤中，赢得对方好感是我们首先要做的工作，也是相当重要的工作，而引起对方的交谈兴趣就是营造好感的基石。

先来看看奥格威讲的另一个故事。

马克斯·哈特是一家公司的老板。有一天，他和他的广告经理乔治·戴尔就在某报纸刊登广告一事展开了争论。

哈特认为，人们都不愿意读篇幅过长的文字广告，因此公司完全没有必要花钱买下过多的报纸版面。戴尔则不以为然，说："我和你赌 10 美元，我可以写满一整版的广告，而你会一字不漏地读完它！"

"不可能！"哈特摇着头说，"连你自己都知道，那是不可能的！"

戴尔冷静地说："我可以。"

"好吧，那你写一篇文章来证明给我看。"

"用不着。我根本不必动笔写下一行正文来证明我的观点。"戴尔说，"我只要告诉你我的标题就可以了——'这一页全是关于马克斯·哈特的'！"

哈特顿时愣住了，接着乖乖掏出了 10 美元。

在上面这个真实的故事中，哈特已经对戴尔的说服做好了防御准备，但戴尔还是用一个极其简单的理由把他说服了。这就告诉我们，要想快速引起他人的兴趣，最好的方法是说关于对方的话题。

关于对方的话题可以分为如下几类。

1. 关于对方获得他人认可的程度

这类话题通常围绕着周围的人怎么看待或评价对方，比如"我听人说您对油画十分在行"。这类话题反映了人对认同感的心理需求，当你说出这样的话题时，对方通常会格外留意。上面的故事中，哈特就坦承自己最关心的事物正是自己，包括别人对自己的看法。

2. 对方可以从中得到什么好处

趋利是人的天性，从这一天性出发，一个人最感兴趣的事情之一就是"利"，即某事能带给他的好处。

我还记得很多年前在街上发传单的经历。一般来说，如果我对行人这样说："我们最近有某某活动，请您了解一下！"对方多数会不屑一顾。经过一次培训之后，我意识到我一直都做错了。因此再发传单的时候，我总是先想好一套说辞，说辞的核心就是：用简短的话告诉对方可以从我们的活动中得到什么好处。举个例子来说，假设你的公司正在搞一个宣传活动，这项宣传是两种产品一起推出的，你就可以将其视为其中一款产品是免费的。这样一来，你就可以这样向行人介绍："我们公司正在搞一个免费赠送洗发水的活动，欢迎您参加！"免费就是一种"好处"，是最能打动消费者的关键词之一。

我们可以留意公共场合中任意两个人的沟通，当一个人滔滔不绝地讲自己的事情的时候，另外一个人通常会表现出疲惫懈怠的表情。这就表明了我们前面强调过的道理：如果你谈论的话题与对方无关，对方就会失去与你交谈的兴趣。

怎样防止对方的拒绝

当我们向别人提出某种要求时，被他人拒绝的情况是不可避免的，这时候说服对抗的就是他人的拒绝。那么，我们如何才能最大限度地降低他人拒绝我们的概率呢？

我们在说服别人帮忙时，要是能给一个充分的理由，成功的概率会更大。比如我们在车站排队购票时，如果有人从后面挤上来说："不好意思，我有急事，要赶时间，可以先让我到前面去吗？"绝大多数人都会点头答应。这种情况当然也在其他排队的场合经常发生。正常来说，先来的人没有义务给后来的人让位置，拒绝后来者插队的请求也是理所应当的，但是人们通常不会拒绝有理由插队的人。由此看来，要想减少对方拒绝你的概率，一个明智的方法就是先给对方一个理由。

写到这里，我想起小时候的一件事。

那时我在读初中。我们班上有一个姓赵的男生，十多岁就长得人高马大，又经常与校外的小混混来往，迟到、早退、旷课是常有的事，还动不动就欺负同学，学校也拿他没办法。后来，一位姓孔的老师当了我们的班主任。

孔老师虽然年轻，但是很有想法。接手我们班之后，他很快就让赵同学当了班长。当时我们都不理解孔老师的做法，校长也为此找孔老师谈过话，孔老师仍然坚持自己的决定。

所有人都没想到，赵同学竟然变了。自从当上班长之后，他几乎再也没有缺勤过，也不再欺负同学了，甚至还为了保护同学跟校外的小混混打过架，以至跟他们断绝了往来。他的成绩也有了很大起色。现在，赵同学已经是一家大公司的老总了。

正常情况下，没有人会让一个劣迹斑斑的学生当班长，但是我们的孔老师却这么做了，而他的做法也成就了一个企业家。他用一种出格的方法说服了赵同学改过自新，现在看来，这个方法奏效的关键就是，它充分满足了赵同学渴望被认可和尊重的心理，而这种满足甚至大大超出了赵同学的预期。

先给对方展示他想要的东西，再让他自己做决定。掌握了这一原则，你就能够有很大概率说服对方做你希望他做的事情。

比如，如果你想说服投资人为你的创业项目投资，就要向他展示你能为他赢得多少回报，而不是大谈自己的理想。如果你所展示的内容能够满足他的要求，就很有可能让他主动地投资给你。

如何拒绝才不得罪人

拒绝是一门学问。在生活中，每个人都可能会拒绝别人，我们通常也不会太注意拒绝的方式。然而在说服中拒绝对方可不是一般的拒绝，稍有不慎就可能满盘皆输。比如在销售中面对顾客的过分要求，如果贸然拒绝很可能会让对方心生不快，那么能否成交就很难说了。

一般情况下，在说服中提出拒绝应该遵循的原则有如下几条。

1. 千万不要说话含混

很多人在拒绝别人时会感到不好意思，所以不自觉地说话含混，导致对方的误会，进而怀疑其诚意。因此，我们在拒绝人时千万不能说话含混，不管用了什么理由都应力求表达准确。准确的表达还会向对方传达一种意念，即你拒绝对方的理由是非常充分的，这样对方就更容易接受。

2. 不伤害对方的自尊

不管哪一种拒绝，都会让对方处在"受害者"的地位，这时要想维持对方的好感，我们就要充分考虑对方心理承受能力，用同情的语调表达我们的拒绝。简单来说，就是确保不伤害对方的自尊。

对自尊心格外强的人来说，拒绝他之前最好先肯定他、赞美他，然后再委婉地拒绝，这样就会分散他对拒绝的注意力。

3. 拒绝的同时强调双方的联系

要让自己的拒绝不引起对方的反感，最好是让他明白你是他的朋友，或者你并不是强迫他接受反对意见，或者你是从他的长远利益来考虑的。

4. 给对方留下退路

拒绝对方的同时，为对方留下退路，或者说给对方提供一个另外的选择是个明智的方法。在你拒绝那些自以为是，总喜欢坚持自己的意见，认为自己德才高明的人时，要好好考虑。首先，要把对方的话，从始至终地再听一遍。当你仔细听完对方的话时，心中再决定如何去拒绝他和说服对方。说不定，你的"不否定"对方看法的方式，反而赢得了对方肯定你的主张。这是因为你给对方留下了一个退路的缘故。

一位演说家，他很有名，因此每天都有很多人邀请他做演说，他当然应付不了如此之多的邀请，于是只好拒绝掉其中大部分的邀请。这些出面邀请他的人，即使不是他的朋友，也都是极有背景的人，但不论是谁，他一概不领情。由于他很会说话，因此即使拒绝了不少人，也没有人因此而真正记恨他。

那么，他到底是怎么拒绝这些人的呢？他并不是用简简单单的某个借口拒绝的，而是真诚地表达感谢，感谢他们对他的尊重，感谢他们邀请他；然后认真地向他们道歉，表示自己无法接受他们的邀请；最后，他还会向他们推荐另外的演说家，告诉他们那个人足以代替他。他这样做不会让任何人感受到被拒绝的尴尬与不满，而且也为他们邀请其他人节省了时间。

说服力：
让销售回归简单

赞美的神奇作用

有一次，我到一家酒店办理住宿，发现坐在柜台后面的服务员情绪显得很低落。其实也可以理解，日复一日、年复一年地做着这种单调乏味的工作，难免有低落的时候。

这时候我突然冒出了一个念头：让他高兴起来。怎么办呢？我想到了赞美他。可是这个服务员看起来非常普通，好像没有什么能引起别人注意的地方。最后我注意到了他的头发。因此，在轮到我时，我认真地对他说："哎，你的头发真好，我要能有你那样的头发就好了！"

他忽然抬起头看着我，表情逐渐由惊讶转变为微笑，礼貌地说道："比以前差多啦。"

我发自真心地告诉他，他的头发依然很好看。他显得更加高兴，笑着跟我聊了几句。

我相信，就这样简简单单的几句话，一定改变了他一天的心情，吃午饭时，他一定是脚步轻快的。回家以后，他一定会跟家人提到这件事，然后照着镜子说："我的头发确实很漂亮啊！"

这一天，服务员从我这里得到了认同感，我也从他那里得到了满足感。

人们的任何行为，都受一条极为重要的规则的约束。如果我们接受它的约束，那么我们永远都不会有麻烦。更为重要的是，接受它的约束，会让我们得到更多的友情和快乐。如果不接受它的约束，我们就会遭遇很多麻烦。这条极为重要的规则就是，始终让对方感到你是重视他的。

根据我的经验，我们每天都可以做到赞赏别人，让对方觉得我们是重视他的。实现这个目的的方法也很简单，或许只需要说几句"谢谢""麻烦你了"就可以了。

有一次，我在一栋大楼的服务台打听一个人的办公地址。一位服务员随口回答说："18 层，1816 房间。"

我转身走了，但很快又折返回来，说道："你的记性真好。了不起！"

他的表情立刻变得愉快起来了，高兴地略微整理了一下领带。

由此可见，让对方感到你对他的重视，其实并不难办到，每天都可以这样做，马上就可以这样做。

通常来说，人们遇到的几乎每一个人都认为自己在某个方面有过人之处。尽管这样的人也许很傲慢，但我们依然有办法赢得他的喜欢，就是真诚地赞赏他的过人之处，就当是向他学习。正如爱默生所说："我遇到的人都有超过我的地方，于是我就学习他的这些优势。"

美国有位著名的小说家叫科恩。他出生于一个贫苦的铁匠之家，没有受过几年教育，但却拥有上百万的读者；在他还未去世的时候，就已经很富有了。

起初，科恩喜欢诗词，读了当时一位诗人但丁·罗塞蒂的所有诗歌，很是喜欢，就写了一篇演讲稿，颂扬罗塞蒂在文学上的成就。

罗塞蒂知道这件事后很高兴："一个年轻人居然对我有这样高明的见解，他一定很有智慧。"于是便邀请科恩来伦敦给他当秘书。这就是科恩命运的转折点。在罗塞蒂的引荐下，科恩结识了很多大文豪，并在大家的指点下开始创作，最终获得了成功。可想而知，如果科恩没有写那篇发自肺腑的演讲稿，没有赞美罗塞蒂或许他可能一直默默无闻。这就是真诚地赞赏一个人的力量。

在我们周围，可能会有一些常常为一点成就骄傲自满的人，听到别人对他们的赞赏，就傲慢得愈发不可收拾，结果到最后反落得被人人厌恶的下场。这样的人看似打破了那条重要规则的约束，实际上却没有。相反地，越是取得了伟大成就的人，越希望得到人们的赞赏和重视。

柯达公司计划在罗彻斯特城修建一所音乐学校和一座剧院。纽约一家座椅公司的老板艾达逊希望能获得这项工程的座椅订单，就去拜访了柯达的伊斯曼。

到了罗彻斯特之后，负责工程建设的人告诉艾达逊："伊斯曼的工作很忙，如果在五分钟之内还不能说服他，就不可能做成这桩生意。"之后，这位负责人就带着艾达逊去了伊斯曼的办公室。

当时，伊斯曼正忙着处理一堆文件，见有人进来，抬起头问道："两位有什么指教吗？"

负责人说明了来意。艾达逊说道："尽管我的工作是制造室内座椅，但我敢打赌，我从来没有见过像你的办公室这么漂亮的房间，我真是羡慕你。如果我也有这样一间办公室，我一定很高兴。"

伊斯曼显得有些高兴了，说道："刚开始的时候，我也很喜欢这里。不过，后来我工作忙了，就忘记了这件事。谢谢你提醒了我。"

接着，艾达逊走过去，摸了摸壁板，说道："这应该是英国橡木，不同于意大利橡木。"

伊斯曼回答道："的确是英国橡木，是一位懂行的朋友替我挑选的。"

随后，伊斯曼陪同艾达逊参观了由他本人设计的室内物件。再后来，他们聊起了其他话题。

艾达逊是在上午十点一刻见到伊斯曼的。在此之前，那位工程负责人说过，他最多只能逗留五分钟。然后，现在时间都到了正午了，他们依然谈兴正浓。结果是毫无疑问的，艾达逊获得了柯达公司在罗彻斯特的工程的座椅订单，总价接近九万美元。更重要的是，从那时起，伊斯曼与艾达逊成了终生的挚友。

那么，我们要运用这个方法的话，应该从哪里开始呢？我想应该从我们的家庭生活开始，因为这是我们最应该重视的地方。就以你的妻子为例，她一定有她的优点，即使现在没有了，那么曾经也有过，否则你怎么愿意跟她结婚呢？可是，也许你都忘记给予她赞赏了。

卡耐基在文章中曾分享过这样的故事。曾经有一段时间，他独自前往一个陌生的小镇钓鱼。当时，他住在位于加拿大一座森林深处的帐篷，由于远离了城市，除了阅读镇上出版的一份报纸之外，没有其他的消遣。无奈之下，他只好翻来覆去地看那份报纸，不放过上面的任何一个字。有一天，他从那份报纸上的"婚姻指导专栏"里看到迪克斯的一篇文章，觉得很有道理，就保存了下来。

在那篇文章里，迪克斯说道，她已经厌烦了人们对新婚女子的说教，她认为应该给新婚的男子提一些建议了。以下就是她准备对新婚男子说的话：

在婚姻方面不仅要显得诚实可信，还要懂得用一些人际技巧。如果不会对女人甜言蜜语，那最好不要急于结婚。如果说在结婚前甜言蜜语是必做的功课，那么在结婚后甜言蜜语也是你必需的职责。

如果希望过上美满幸福的生活，就不要指责你的妻子，更不要拿你的母亲跟妻子比较。相反，你应该做的是赞赏她持家有道，还要表现得很幸运，因为能娶到这样一位好妻子。

如果她不会做饭，或者做的饭使你难以下咽，那么你也不要抱怨，而是委婉地暗示她，今天的饭没有以前的好吃。这样一来，她一定愿意尽力做出让你满意的饭菜。

总之，你要赞赏她，表现出你对她的重视。不过，为了避免她起疑心，也不要突然地使用这个方法。你应该在某个晚上为她买一束花或者一盒巧克力，再给她一个温柔的微笑和几句甜言蜜语。我相信，如果你们能够这样对待你们的妻子，那么就不会出现六分之一的夫妻要闹离婚这样的事了。

每个男人都想知道如何让女人爱上自己的秘诀，我就有一个绝对有效的秘诀，不过不是我想出来的，而是从迪克斯的文章中总结出来的。

有一次，迪克斯前往监狱采访一位已经成为新闻人物的重婚罪犯人。要知道这位男人曾经创造过一个令人羡慕的纪录：获得过多达 23 个女人的芳心和银行存款。当时，迪克斯问他，他是如何获得这么多女人的爱情的。这名罪犯回答说，他没有特别的办法，唯一的方法就是不厌其烦地赞赏她们，让她们知道他很在意她们。

据我所知，如果把这种方法用在男人身上也一样有效，正如一位英国首相所说，如果能赞赏一个男人，或者谈论和他有关的事情，他能一直安静地听着。

在过去的几千年里，哲学界对人类关系的法则的思考一直没有停止。在经过了漫长而复杂的思考之后，他们得出了一条重要的法则。这一法则并不是创新的产物，而是古老的历史遗留给人们的。在3000多年前，波斯的琐罗亚斯德将它传授给拜火教的信徒；2400年前，中国的孔子和老子将它传授给自己的门徒；1000年前，印度的"圣书"用它教导信徒。耶稣又将它们集中了起来，让它成为世界上最重要的一条法则。这条法则就是：如果你希望别人重视你，那么你就要重视别人。

正如施瓦布所说："慷慨大方地向别人送上你的赞赏，那么别人也会赞赏你。"在这个世界上，每个人都希望被人欣赏和重视。你希望得到别人的赞同，别人也希望得到你的赞同；你希望别人承认你的价值，别人也希望你承认他的价值。既然如此，那么就在任何时间、任何地点，真诚地赞赏别人，让他感觉到你对他的重视。

Five

第五章
如何隐秘控制对方思路

● 说服是一项隐秘的活动。在很多人看来，多数成功的说服都是控制对方的思路。那么，如何才能控制对方的思路呢？"有逻辑的说服"真的存在吗？

说服颠覆性的"ABC理论"

美国心理学家艾利斯认为：人的情绪和行为，不是由某一事件的刺激直接所引起，而是：我们对该事件的认知和评价引发了我们的某种信念，这种信念导致了我们在特定情景下的情绪和行为。这种理论被称为"ABC理论"。

ABC理论颠覆了我们固有的思维。通常我们认为，情绪和行为（C）是直接由激发事件（A）所引起的，即A引起C；而ABC理论则认为，我们对A的认知和评价而产生的信念（B）才是导致C的直接原因。我们之前提到过的，美国前总统罗斯福的那句名言也可以当成ABC理论的一种注解："唯一值得恐惧的就是恐惧本身。"

由此可知，不是某一事件让我们做出了决定，而是我们对该事件的认知导致了了我们的决定。一个心理学实验能够很好地说明这一理论。

一个名叫斯坦利·米尔格兰姆的心理学家和同事做了一个实验。他和几位同事在纽约大街上驻足仰望天空，足足望了60秒。结果，有很多行人都停下来和他们一起仰望天空，直到什么也没发现才莫名其妙地离开了。尽管如此，仍然有很多后来的行人停下来望天。

在上面这个实验中，行人们停下来望天并不是因为天上有什么值得注意的东西，而是他们看到别人望天才下意识地做出了跟风的决定。这一现象反映的就是 7 大心理学原理中的"跟风原理"。实际上，是一种"做与别人同样的事"的潜在认知导致行人们做出了不理智的决定。

将 ABC 理论应用于说服，我们可以得出如下结论：在双方观点很难统一的说服中，要想促使人做出有利于你的决定，就要使其对一事物建立新的认知，然后由他自己做出决定。

ABC 理论早已经在营销界大放异彩了。让我们以前面提过的"王老吉"凉茶为例。

最开始，王老吉凉茶的功能定位并不清晰，后来加多宝公司将广告语改成了"怕上火喝王老吉"，并在各个媒体大量投放。经过几年的推广，消费者们竟然都认可了"王老吉"的"去火"功能，就如前面提到过的，有的消费者甚至用"王老吉"来辅助治疗口腔溃疡等由"上火"引起的疾病。

其实，"王老吉"并没有神奇到可以去火，而是人们认为它可以去火，这才在真正"上火"时做出购买它的决定。这则营销案例的成功之处在于，商家充分利用广告对顾客进行了认知移植。

认知移植，就是让你的想法变成对方的主张。在生活中，最常用的认知移植方法有如下几种。

1. 利用"权威原理"

利用权威或专家的话，为你的观点做包装，这样会更容易将某种认知移植给对方。当对方建立相应的认知，就会接受你的建议。其实日常生活中我们一直在使用这种方法。比如我们经常听人这样说："专家都说了……"

当你不小心知道了对方正好推崇某个名人时，权威原理更容易产生作用。比如你可以这样说："您很认同某某某说的那句话吧，可是他还说过……"这样一来你就会得到令你满意的结果。

2. 利用"跟风原理"

毋庸置疑，他人的行为是决定我们行为的重要因素。但要指出的是，我们很多时候并不承认这一点，只有社会心理学家们对此心知肚明。

先看一个例子。

为了保护草地，某小区物业在草地上竖起了一面警示牌，上面写着："不要践踏草地！"不久之后，物业管理者发现，人们竟然对这块警示牌视而不见，照旧在草地上来去匆匆。后来，有人建议换一种警示语。于是物业管理者把牌子上的标语改成了："请和大家一起维护我们共同的家园！"结果践踏草地的现象很快就少了很多。

按惯常的思维来说，如果人们知道践踏草地是不对的，就应该按第一面警示牌上说的做，但事实证明，这一逻辑显然是不成立的。后来人们为什么不再践踏草地了呢？不是因为人们认识到了自己的错误，而是因为他们要"和大家一起"保护草地。应该和别人一样，这种信念才是导致人们做出决定的直接原因。

3. 频繁的广告轰炸

"今年过节不收礼，收礼只收脑白金！"这条甚至让人能哼唱出来的广告语曾在某些电视台上铺天盖地的播放，以至于人们都觉得"脑白金"好像是一种很受欢迎的送礼佳品，让该品牌大获成功。

"经常用脑，常喝六个核桃！"这句广告语也是人们耳熟能详的了，在中小城市和乡村里，人们给上了年纪的人送礼经常要送"六个核桃"。事实上，核桃的营养价值并没有那么夸张，据某机构的检测报告称，在营养成分方面，核桃可能还不如牛奶和豆浆。

再注意上面两则广告，厂家既没有明确说明脑白金的受欢迎程度，也没有说六个核桃有多么高的营养价值，是消费者在听广告听多了之后自己产生的这些认知。这就告诉我们，不管利用什么方法，认知移植有一个非常重要的原则就是：不要让对方觉得观点是由你提出来的，而要让他人感觉是他自己发现，或者领悟到的。

引导对方多说"是"

苏格拉底辩证法

古希腊的哲学大师苏格拉底一向被世人称为最富有智慧的"劝导者"。他用了什么方法劝导人呢？有人称之为"苏格拉底辩证法"，这一方法的核心就是提出一系列让对方只回答"是"的问题，坚决不让对方说"不"。其实这就是我们前面所提到的"一致性原理"的典型应用。

在进行说服时，我们应尽量不要涉及双方有分歧的意见的话题，要多谈双方有共同看法的事情，且要不断地重复我们共同认可的事实——注意，是"事实"而不是"真相"。如果条件允许，应该明确地让对方明白，即使是在双方意见不一致的事情上，见解和目标也是相同的，只是所用的方法有所不同而已。

总之，一定要让对方多说"是"，尽量不要让他说"不"。正如《影响人类的行为》一书所说：一个简单的"不"字造成的障碍，是一种极难克服的障碍。这是因为，当"不"字出口，就意味着为了自己的自尊和人格，必须要始终不渝地坚持己见。尽管人们可能很快地意识到说"不"是错误的，但为了尊严，只能将错就错地坚持下去。

从人们的心理状态方面分析，一个人在说出"不"字的同时，内心深处也坚定了一份信念，就是拒绝。不仅如此，身体的各个器官和部位都在这个信念的号召之下，集结了起来。因此，在谈话之初避免让对方说"不"，就是在引导对方向接受你的观点的方向前进。

掌握了说话技巧的人，在刚开始有人谈话时，就能得到对方很多"是"的反应。只有这样，他才能将对方的心理引向接受他的观点的方向，他才可能说服对方。

从心理状态方面分析，当一个人在说出"是"时，内心深处也坚定了接受的信念，身体的器官和部位是开放的。因此，如果在开始谈话之初，就能促使对方多说"是"，那就意味着对方已经做好了继续接受我们意见的准备了。

让对方多说"是"而少说"不"，其实是一件极其简单的事情，但人们却忽视了它。在大部分情况下，人们只要开口，说的就是"不"，似乎只有通过反对或否定对方的意见，才能显示出他的重要性。如果人们随意地说"不"的原因是为了追求感官上的痛快，还不至于有重大的影响，但如果是在说服中说"不"就要误事了。

有个客户到某银行办理理财业务。大堂经理请他填写"申请表"。在填写申请表时，那位客户显得很有选择性，有些问题很痛快地就写上了，那些非必要的问题却一概不写，比如亲属姓名等。经理提醒客户应填上亲属姓名，客户却以"不用这么麻烦吧"为借口拒绝了。

经理先对客户的选择表示了同意，也说这不是必填的项目。之后，她用提醒的语气说道："不过，如果您不幸发生意外，您愿意让您的亲属继承存款吗？"

客户立刻回答道："那是当然了！"

经理接着说道："既然如此，您看是否应该将您的亲属的名字也填上？这样的话，如果您出了意外，您的亲属才能顺利地继承存款。"

客户听了经理的话，不住地点头说："是！是！"

大堂经理能说服客户，是因为他已经知道，经理要求他如实填写申请表是为他着想的，而不是出于维护银行的规定。通过这个故事我们可以发现，如果能够让客户一开始就说"是"，他就可能忘记分歧和争执，按照我们的要求和建议行事。

西屋电气公司的销售经理约瑟夫·艾利逊有类似的经历。

在我主管的业务区域内，住着一位大型企业的老板。在过去的十年里，我们公司都在努力地向他推销我们的产品，但却始终未能如愿。后来，我接管了这片区域，在他身上花费了三年的时间，也不见任何起色。

也许是我们十三年的不懈努力打动了他，最近，他象征性地买了我们公司的几台发动机。我认为，只要这几台发动机的品质令他满意，那么他以后一定会买我们更多的发动机，局面就会打开了。

尽管我了解我们公司的发动机的品质，不会出现任何故障，但在三周以后，我还是以检测发动机性能为名，再次去拜访他。本来我是满怀信心地去的，但事实表明，我高兴得太早了，因为受他安排而接待我的工程师的第一句话就令我吃惊。

见到我之后，那位工程师说道："我想我们不会再买贵公司的发动机了。"

我心头一震，立即追问："为什么呢？"

工程师回答道："这些发动机散热太差了。你看看，我都不敢将手放在上面。"

我明白，如果与他发生正面争辩，我就完蛋了，不会得到任何好处，在过去我干了太多这样的蠢事，今天我需要换个方法。

于是，我说道："我完全同意你的观点。我也认为散热性能不好的发动机的确不能再买了。我想，你需要的发动机，应该是散热性能符合国家电气协会规定的标准的，对吧？"

他完全同意我的意见，回答说"是"。我得到了第一个"是"的回答。

我继续说道："根据国家电气协会的规定，只要发动机的温度高出室温的华氏 72 度之内，就是符合标准的。对吧？"

他点头表示同意："是的，是这样。问题是，贵公司的发动机已经超过了这个标准。"

我依然没有争辩，只是继续问他："厂房现在的温度是多少？"

他想了一下，回答说："大概在华氏 75 度上下。"

我松了一口气，说道："厂房的温度是华氏 75 度，国家电气协会规定的温度是华氏 72 度。这就是说，如果发动机的温度在华氏 147 度之下，就是合理的。如果将手放进烧到华氏 147 度的热水中，怎么能不被烫伤呢？"

他继续回答"是"。

我说："既然如此，我认为你不要触摸发动机，就不会被烫伤了。"

他笑了起来，承认我说的是对的。

就在这一天，他们又订购了我们公司价值三万多美元的产品。

我们经常苦口婆心地劝说别人，但大多数人并不明白引导对方说"是"的重要性。我本人也经历了无数次的失败之后才知道，想要说服客户，不应该与他争辩，而是要站在他的立场上考虑，设法让他多说"是"，不给他说"不"的机会。

因此，当我们想要说服别人时一定记住，要像苏格拉底那样，只提能够让对方回答"是"的问题。

让你的想法变成对方的主张

应该让对方感觉到

与别人代你提出的意见相比，人们更愿意相信自己提出的意见。因此，启发对方通过思考得到相同的意见，才是明智的说服方式。

先举一个例子。

阿道夫·塞尔兹是费拉德尔菲亚一家汽车销售公司的业务经理。有一天，他突然想到，应该给他的下属们灌输一些激情和信心，因为长期以来，他们已经变得纪律涣散、情绪低落了。

于是，他召开了一个会议。在会上，他要求下属们踊跃发言，说说作为一个领导者应该具备哪些能力或素质。把下属们的意见写在黑板上之后，他说道："我可以努力具备你们提到的这些能力。现在，我需要你们告诉我，我应该希望你们具备哪些能力？"下属们七嘴八舌地说了很多，有忠诚、实在、乐观、相互帮助和热情工作等。

会议结束之后，塞尔兹实现了他的预期目的，下属们个个精神焕发，信心十足，销售业绩从此蒸蒸日上。

人们都不喜欢被强迫购物，也不喜欢迫于压力而做某事。人们喜欢的是随心所欲，随心所欲地购物，随心所欲地做事。此外，人们还喜欢谈论自己的愿望和想法，喜欢有人能听听这些。

尤金斯是一家服装设计公司的经理，主要的工作是向服装设计师和服装厂商推销公司设计的服装草图。在过去的三年间，他几乎每周都要去拜访居住在纽约的一位知名设计师，尽管这位设计师每次都会礼貌地接待他，而且认真地欣赏他带去的设计草图，却从来都没有购买过哪怕是一张草图。按照尤金斯自己的说法，这种经历他有过近 150 次，这促使他决定尝试一种新的推销方法。

这一天，尤金斯带了几张尚未完全完成的设计图纸拜访了那位设计师。一见面，他就说道："我希望能得到你的帮助。我带了几张尚未完成的设计图纸，希望你能告诉我，你需要我怎样完成后面的步骤，才合你的心意。"

这位设计师看着图纸半天没有说话。许久之后，他才说道："好吧！你把它们留下吧，几天之后你再来一趟。"

几天之后，尤金斯又去拜访了那位设计师。在听取了设计师的意见之后，他按照意见完成了设计图纸。结果设计师痛快地买下了这批图纸。

尤金斯据此总结出一条经验："我终于知道自己之前失败的原因了，就是因为我总是强逼别人购买我认为他应该需要的东西。改变方法以后，这一切都变了，我请求客户告诉我他们自己的意见，由我来执行。这样一来，他会觉得那些草图都是他自己设计的，不用我多说，他就愿意购买了。"

再看一个关于罗斯福的故事。

罗斯福在担任纽约州州长的时候，有一项令人称奇的本领，就是能够说服和团结反对党的重要人物。他是怎么做到的呢？举个简单的例子吧。每当出现重要职位的空缺时，罗斯福就马上找到反对党的重要人物，请他们推荐人选。

第一次时，反对党推荐了一位在政界口碑不好的人，罗斯福告诉他们，他们推荐的这个人不是一个合格的人选，可能会遭到人们的抗议。第二次，反对党又推荐了一位有着良好口碑的人，但罗斯福告诉他们，这个人口碑虽好，但没有过人的能力和优点，可能会遭到人们的抨击。第三次时，反对党推荐了一位口碑尚佳，能力也算合格的人，罗斯福认为不够理想，再次拒绝了。

终于，在第四次提名时，反对党推荐了罗斯福心中暗许的那个人。于是，罗斯福在对反对党表示了感谢之后，就任命了那个人——当然，一定要公开说明是谁推荐的。反对党当然很高兴，于是，罗斯福趁热打铁，继续说道："我已经接受了你们的推荐。现在，你们也应该接受我的一些意见了。"

反对党的那些重要人物答应了，而且还很乐意与罗斯福合作。就这样，罗斯福排除了干扰，开始了他的改革举措。

罗斯福的成功之处，是凡事都坚持征求别人的意见，而且对这些意见表现得极为尊重和重视。当对方觉得这是罗斯福按照他们的意见任命了官员时，就会乐于与罗斯福合作。究竟是谁说服了谁呢？

如果想让对方无条件地听从某个意见，最好的方法就是在不经意间将这个意见移植到他的心里，让他自己有机会进行思考，并亲自提出来。

你还可以用这个方法隐秘地说服你的朋友。

对于保罗·戴维斯而言，参观美国东部名目繁多的历史遗迹是他梦寐以求的事情。然而，这与他的妻子的旅行计划产生了冲突。

他妻子的意见是，希望在夏季的假期能够去西部各州旅行，比方到内华达州、加利福尼亚州、新墨西哥州和亚利桑那州去。

当时，他们的女儿刚刚学完了美国历史，正对美国历史上发生的那些重大事件感兴趣。保罗·戴维斯就问她，是否希望在假期参观那些她在课本上见到的历史遗迹。女儿非常愿意。

于是，在保罗·戴维斯和女儿的努力下，去美国东部参观历史遗迹，成了移植到他妻子心里的一个心愿。终于有一天，他的妻子宣布，她决定利用夏季的假期去东部各州旅行。这个主意对一家人都具有吸引力，真是两全其美。

老子曾经说过，江海之所以能够汇聚百川，成为百川之王，是因为它们甘于处于地势低下的地方。依据这个道理，圣人要位居民众之上，言行一定是谦卑礼让的。人人都争着发表意见，只有圣人在最后才发表意见；人人都争着展现才干，只有圣人在最后做别人做不了的事情。

当你需要说服别人时，一定要想一想老子的这番话，最高明的方法之一，是将自己的想法转化成对方的主张，再由他提出来。

激发对方的强烈需求

所有钓鱼的人都知道，往鱼钩上放鱼饵才能钓到鱼，可是很少有人把这种经验运用到说服中。第一次世界大战以后，英国的很多临时领导人都下台了，只有首相劳合·乔治依然身居相位，有人就问他是如何做到的。乔治回答说，因为他懂得钓鱼的道理，不同的虫子能钓不同的鱼。

几乎所有的人从降临到这个世上开始，一举一动都是为了自己，最关心的也是自己的需求，对别人的需求却漫不经心。每个人都是这样，导致互不关心。因此，如果想给别人施加影响，最有效的方法就是讨论他们的需求，并告诉他们如何满足这个需求。如果需要别人顺从你，就要记住这一点。打个比方，如果不想让未成年孩子吸烟，就告诉他，吸烟可能使他落选棒球队。

这个方法不仅对孩子有用，对不通人情的动物也有用。有一次，爱默生父子打算合力将一只小牛犊赶进牛棚。可是，他们只关心自己的需求，忽视了小牛的需求。因此，任凭他们如何努力，小牛都坚持着它的需求，并不听话。这时，爱默生的爱尔兰女佣走过来，将手指放进小牛的嘴里，小牛一边吮吸着她的拇指，一边顺从地进了牛棚。为什么会这样呢？就是因为女佣懂得小牛的需求。

在《影响人类的行为》一书中，作者哈利·欧佛斯瑞特说：

人类的行为与自身需求有关。对于有志于当说服者的人而言，他们需要明白：首先要做的就是激发起对方的需求。倘能如此，他将赢得成功，否则将一事无成。

安德鲁·卡耐基原本是苏格兰穷人的孩子，只受过四年的正规教育，但他却懂得这个道理，知道怎样与人交往。

举例而言。

安德鲁·卡耐基的两个侄子在耶鲁大学上学，因为忙于功课而忽略了给母亲写信，他们的母亲因此而病倒了。安德鲁·卡耐基知道了这件事以后，就给侄子们写了封信，在信中提到给他们每人汇了五美元。但实际上他并没有汇钱。侄子们很快就回信了，说并没有收到钱。安德鲁·卡耐基用这个方法，让侄子们记起了给亲人回信。

有天晚上，诺马克的小儿子蒂姆因为不愿意去幼儿园而又哭又闹。诺马克并没有用简单粗暴的方式解决问题，而是招呼妻子一起在厨房的桌子上玩画手指画的游戏。这是蒂姆最喜欢的游戏，但却没有邀请他参加。蒂姆先是躲在暗处看，后来忍不住也要求参与。这时，诺马克说道："不行，你必须先在幼儿园学会怎么玩才行。"此外，他还告诉蒂姆，所有蒂姆喜欢的游戏，都能在幼儿园学会。第二天早晨，蒂姆早早就收拾好了一切，等着上幼儿园呢。

也许就在明天，你将要说服别人做一件事情，建议你不要急于开口，而是在心里问问自己，应该怎样说服他。这个小小的步骤可以避免无谓的口舌之争，也不会令自己处境尴尬。

亨利·福特说过这样的话："如果真有与人交往的秘诀，我想一定是如何掌握别人需求的能力了。不能只考虑自己的需求，还要考虑对方的需求，这就能成功了。"

这个秘诀竟然如此简单和显而易见，所有人都能做到，但实际上有 90% 的人在 90% 的时间里忽略了。就从每天收到的信里，我们就能发现很多人的确忽略了这一点。

有一位朋友遇到了一件令他头疼的事情：他的女儿不爱吃早饭。他女儿只有 3 岁。不论他想什么办法，这小家伙就是不肯吃早饭。

后来他发现，他的女儿总是学妈妈的样子。因此他在一个早上让女儿学着妈妈的样子给一家人做早饭。女儿很高兴地答应了。就在女儿跟在妈妈身后忙碌的时候，他走进了厨房。女儿很自豪地说："爸爸快看！这是我自己做的早饭！"

结果，女儿跟着妈妈做完早饭之后，没等大人说什么，自己就坐到桌子上，痛痛快快地把早饭吃完了。

小女孩对准备早餐产生了兴趣，因为这正是她的需求。她发现，准备早餐是她表现自己的机会。正如威廉·温特所说："表现自己是人类最根本的需求。"既然如此，为什么不广泛地运用这一道理呢？比方说，想到了一个好主意，不要急于说出来，而要假装并没有想到，等待同伴说出来。这样的话，同伴就会认为这主意是他想到的，进而兴高采烈。

在这个世界上，到处都是自私自利，只关心自己的需求的人，正是因为如此，少数能够关心别人的需求的人反而得到了更多的好处。正如商界领袖欧文·杨所说："能设身处地地为别人的需求着想的人，是不必为个人处境担忧的。"

总之，**要说服或者给别人施加影响，首先要激发起对方的需求。**能做到这一点，就能获得成功。

赞赏对方的优点和进步

　　有个马戏演员把毕生的精力都投到了马戏表演中。在表演时，他的"搭档"不是马就是狗。有个观众向他请教怎么训练狗，他说："其实很容易。每当你的狗狗取得一点进步时，你就拍拍它的头，然后奖它一块肉！"

　　其实对于训狗的人来说，这个办法并不新鲜，从古至今人们都是这样训狗的。我们不妨想一想：能不能用训狗的方法来说服一个人呢？——当然这么说似乎有点不恰当，我们只强调这种肯定和鼓励对方的方法。所以，当我们想扭转一个人的观点时，可以考虑用训狗的方法，以"肉"代替皮鞭，以赞赏替代责备，如果对方有哪怕一丁点儿的改观，就要及时给予赞赏，鼓励他们继续努力。

　　心理学家罗杰斯·莱尔在著作《我不是伟人，我只是我》中说道："赞赏是能够温暖人心的阳光，如果没有这一缕阳光，我们就不能健康成长"。辛辛监狱监狱长刘易斯·劳伦斯的发现证实了这一理论。刘易斯·劳伦斯说，即使是最凶恶的罪犯，适时地赞赏都能起到作用。就在他写作这些内容时，又收到了刘易斯·劳伦斯的一封来信，信上说，适当地赞赏犯人们的勤劳，要好过严厉地责罚他们的过失。

　　罪大恶极的犯人尚且如此，那我们普通人还能例外吗？结合我自己的经历，我发现，我的整个未来的确被几句赞赏的话改变了。你可以回顾一下你的生活，一定也有这样的例子。

历史上有关赞赏能改变一个人的例子数不胜数。

许多年以前，原本在那不勒斯一家工厂出苦力的一位 10 岁的孩子，怀着成为歌唱家的梦想走进了音乐教室，但遭到了老师的打击，老师认为他不可能成为歌唱家，因为他的声音就像"吹过窗帘的野风"一样粗陋难听。

或许这个孩子应该心情沮丧，进而放弃梦想。但他没有，因为他的母亲及时地赞赏和鼓励了他。正是母亲的赞赏和鼓励改变了这个孩子的命运，他终究成为了享誉世界的歌剧演唱家。

也许你已经知道他是谁了？是的，他就是恩里克·阿隆索。查尔斯·狄更斯的经历与恩里克·阿隆索的故事相近。

在很年轻的时候，狄更斯就渴望成为一名作家，可是，他的生活和经历却与他唱反调：他只在学校读了四年书，就因为父亲的银铛入狱而辍学，很难想象一位只上过四年学的人能成为作家；为了生存，他在一个住满了老鼠的仓库里工作，很难想象一位仓库工人能成为作家。

但狄更斯依然坚持成为作家的梦想。每天晚上，他在位于伦敦贫民窟的一间小阁楼里辛勤写作。当他写完了人生的第一篇书稿以后，为了避免被人取笑，他只敢在晚上偷偷摸摸地将它寄出去。他很勤奋，写了很多稿子，也投了很多稿子，但遗憾的是，始终没有一篇被编辑看中，都被退了回来。

尽管不断地遭遇失败，狄更斯依然坚持梦想，依然坚持写稿和投稿。转机终于来了，他有一篇稿子被编辑看中了。虽然没有给他哪怕是一分钱的稿酬，但编辑却给他寄来了一封短信，盛赞他的稿件，并鼓励他继续写作。收到这封满是赞赏和鼓励的信件，他激动不已，甚至泪流满面。

正是这段小小的经历改变了狄更斯的生活，也改变了他的未来。假如没有那个编辑的赞赏和鼓励，也许狄更斯会一直在仓库里工作，与现在的盛名毫不相干。

1922 年前后，加利福尼亚州一位年轻人的生活陷入了窘迫。他付不起城镇的房租，只好搬到了乡下，在葡萄园里租了一间破房子。尽管这间房子的租金只有 12 美元，但他依然支付不起，只好在房东的葡萄园里干活抵偿房租，有时候饿极了，就以葡萄充饥。他自小喜欢唱歌，而且唱得还不错。在万般无奈之下，他只好去教会唱诗班卖唱，或者在婚礼上表演，只为了能赚取 5 美元。

后来，为了赚取更多的钱，他打算辞掉在教会唱歌的差事，转而从事卡车推销员的工作。就在此时，教会的一位朋友的一番话让他改变了主意，这个人称赞了他，认为他应该到纽约去学习声乐，以后做个歌唱家。他很高兴，接受了这个建议，凑了一笔路费就出发了。现在，他已经是有名的歌唱家了。按照他的说法，正是因为那个朋友的赞赏和鼓励，他才走上了唱歌的道路。

基斯·罗伯特是加利福尼亚州一家印刷公司的部门负责人，最近，一位客户要在他那里印制一批高档宣传品。但负责这项工作的印刷工是一位刚刚接触印刷业务的新手，可能无法胜任这项工作，有人因此建议罗伯特将他开除。

得到消息的罗伯特亲自来到印刷厂房与那位工人交谈。罗伯特谈了他自己的一些事情，说他刚刚接触这项工作时非常兴奋。之后，他又赞赏那个工人，说他做出的产品是最近一段时间全车间最好的，为整个公司赢得了荣誉。这几句话能起到作用吗？能改变那个工人吗？这当然是肯定的。在接下来的几天里，变化出现了，那个工人逐渐成长为一名最优秀的印刷工。

罗伯特的所作所为特殊吗？似乎也没有什么特殊之处，他只是夸奖那个工人说"你很出色"，仅此而已。尽管是"奉承"和"恭维"，但他说得很具体，对那个工人来说更有意义。这也告诉我们，所有发自内心的真诚的赞赏，应该是明确而具体的。尽管每个人都希望被赞赏和鼓励，但没有人希望得到不具体的、甚至是虚情假意的赞赏和鼓励。

这个方法不仅在商业领域能发挥作用，在教育领域的适用性更强。美国心理学家斯金纳就认为，用赞赏代替批评应该是教育法的基本理论。斯金纳通过长期对人和动物的研究比较，得出这个结论：如果我们注重赞赏而忽略批评，那么人们就会保持一种积极的行为，否则积极行为就会减少。

在很多家庭，人们并没有将这种方法运用到教育孩子上，通常最常见的教育方法，还是以斥责甚至毒打为主。然而，这样的教育效果并不好，孩子们反而被教育的更糟糕了。据我所知，居住在北卡罗来纳州的约翰·瑞格斯潘则是用赞赏代替斥责、批评的方法教育他的孩子。他说：

我和我的妻子决定，以后不再喋喋不休地指责孩子的错误，而是试着用一些表扬和鼓励的方法来替代它。然而，这个方法是很难应用的，因为在我们的批评下，孩子的行为变得很消极，根本找不到可以表扬的优点，但我们还是努力找到了一些优点，真诚地表扬了他。

效果是显而易见的，一两天之后，他改掉了一些让我们很生气的毛病。之后，随着时间的推移，他逐渐改掉了更多的毛病。看得出来，他因为我们的表扬而高兴，开始主动争取我们的表扬。这一切变得太快太好了，真是令人难以置信。

这些好的变化还在继续着，我相信，等他再次养成稳定的生活方式，一定会比原来的好很多。现在，我们认为，指责或批评他都是多余的了，因为他已经极少犯错了。

孩子的所有好的变化，都是由父母的表扬和鼓励换来的，如果他们一旦犯错就指责、批评他们，是不会出现这样的变化的。

如果我们对遇到的有潜力的人加以赞美和鼓励，让他们意识到自己的潜能，那么我们所做的就不仅仅是改变一个人，而是促成了他们的转变，改变了他们的命运。

这么说算是夸大其词吗？美国有个叫詹姆斯的心理学家曾说："人类拥有很多种能力，但遗憾的是，我们都没有加以利用。我们其实只是保持了一半的清醒和理智，只是利用了小部分生理和心理资源，我们应该做的事情还有很多很多。如果用这个认识衡量这个社会，那么每个个体都没有突破他的局限。"

的确如詹姆斯所说，每个人都拥有很多种能力，但是没有好好利用，我们都是如此。在所有这些能力中，有一种能力我们很可能没有充分利用，这种能力就是赞赏、鼓励别人的能力，就是让对方意识到自己具有潜力。

因此，如果想让一个人变得优秀起来，那么就要赞赏对方的每一个优点、每一次进步，鼓励他们做得更好。

请求也是尊重对方的表现

　　戴克是全美最伟大的推销专家之一，曾经担任过梅威尔公司的销售主管和匹德广告公司的宣传主管，还当过全美广告行业联合会的主席。戴克在做销售主管的时候，寄给各地经销商的调查问卷不下数千份，但只有不到8%的人会给他回信，他最期望的是能够收到15%的回信。但这几乎是不可能的，如果能收到20%的回信，那就说明出现了奇迹。

　　然而在经过一次沟通培训之后，戴克寄给那些经销商的一封信却创造了惊人的回信比例：最终竟有42.5%的人给戴克回信了。他是怎么做到的呢？

　　以下是由戴克写下的那封奇迹般的信件全文，让我们一起来读读吧！

　　亲爱的先生：

　　你能帮助我解决一点儿小困难吗？

　　去年，我说服我公司的老板采取措施帮助经销商增加产品销量，在年底时进行一次面对面的信件宣传。于是，我给全国各地的经销商们寄出了1600封宣传信件。截至目前，我已经收到了数百封回信，回信的经销商都表示，年底的信件宣传取得了很好的效果。有鉴于此，我公司打算再推出一次信件宣传，相信能让你感到满意。

可是，就在今天早晨，我公司的老板和我说起去年年底的那次广告宣传，然后问我那次宣传为我们创造了多少营业额，或者完成了多少交易。我没有掌握相关情况，一时无法作答。因此，我向你请求帮忙，让我了解到这方面的情况，以便今年的宣传计划能如期展开。

我希望你能在以下两个方面给我提供帮助：

一、请在随此信寄给你的明信片上，注明去年的信件宣传为你带来了多少交易。

二、请在回信中说明，上述交易让你获得了多少营业额。

如果你能够给我提供帮助的话，请给我上述两个问题的答复。对你的帮助，我深表感谢。

销售主管戴克　敬呈

戴克的信之所以能创造奇迹，只是因为它请求对方提供帮助，让对方有了被人尊重和重视的感觉。比如"向你请求帮忙了解这方面的情况"这句话，戴克说得太巧妙了——他不但向对方坦率地承认了自己的困难，让对方知道他为什么需要帮助，而且这种帮助不仅对他有利，对木材商本人也有利。其实，用请求帮助的办法表示对对方的尊重，这种方法对任何人都是有效的，不论是小木材商，还是地产大王。

我有一个朋友曾独自开车穿过黄土高原，结果中途迷了路。好容易找到一个村落，他走进村子，向村民打听怎么才能开到一个大点的镇子。一开始，因为不熟悉这个外来人，村民们表现得很警觉，远远地避开了我的朋友。这时候，我的朋友摘下帽子，毕恭毕敬地低下身子问村民："请问，我要怎么走，才能开到最近的镇上？"

　　村民们见我朋友用这样的态度说话，大概是有了被尊重的感觉，很快消除了戒心。于是，当我朋友又一次发问的时候，村民们都争先恐后地挤上来告诉他路线。

　　其实，当我们到了一个陌生的地方，拦住一个人问他："您好，能帮个忙吗？请问某地怎么走？"我们就会发现，对方会相当愿意地为我们效劳。

　　富兰克林就用这种方法将一个仇人变成了好朋友。

　　富兰克林在年轻时，用所有的积蓄开办了一家规模很小的印刷厂。为了能接到来自政府的印刷业务，他又费尽心思地当上了费拉德尔菲亚市议会的书记官。本来，在成为市议会的书记官之后，富兰克林能够轻轻松松地达到自己最初的目的，但他还是遭遇了挫折——议会中有一位极其富有极其有势力的人不喜欢他，让他处处为难。富兰克林解决这个麻烦的方法也很简单，就是设法让这个人欣赏他。

　　面对这种情况，人们大都会想方设法地为那个人效劳，或等待机会给他帮忙。但聪明的富兰克林没有那样做，他反其道而行之，要让那个人给他帮忙。那么，富兰克林是怎么做的呢？来看看富兰克林本人的记述：

　　我听别人说，在他的书房里珍藏着一本极其少见的书。于是，我写信给他，说我很希望能够看一看那本书，并请问他能否将那本书借给我看几天。你猜结果如何？他收到我的信以后，立即就派人把那本书给我送来了。一个星期以后，我把书还给了他，同时还附上一封信，对他的帮助表示感激。

　　几天之后，我们在市议会碰面了。他一看到我，就主动跟我打招呼了，要知道，如果放在以前，这是根本不可能的事情。他告诉我，他愿意帮助我做任何事情。也就是从那时候开始，一直到他去世，我们一直是最好的朋友。

富兰克林离开我们已经有两百多年了，可是他将仇人变成朋友的这个巧妙的方法一直受到人们的重视，至今对我们都有借鉴意义。

有一位名叫埃姆森的推销员，从事推销铅管和热气产品的工作。一直以来，他都希望能和一位名叫博罗科林的经销商做成生意，但不论怎么费尽脑筋，都无法说服博罗科林与他合作。

埃姆森很倒霉，在第一次向博罗科林做推销时，就遭到了打击，碰了一鼻子灰。尽管博罗科林生意做得很好，但他本人却是一个没有多少文化的人，粗俗、不大懂礼貌。当埃姆森第一次见到博罗科林时，博罗科林嘴里叼着雪茄躺在办公椅上说道："推销？不！我什么都不需要！快走吧，别浪费我的时间。"后来埃姆森又去了很多次，但结果都是这样。

终于有一天，埃姆森想到了一个新方法。就是这个新方法，让他获得了成功，不仅和博罗科林成了好朋友，而且也做成了很多笔生意。

当时，埃姆森的老板打算在长岛开设分公司，于是就在博罗科林的店铺的隔壁买了一座房子。埃姆森想到，他可以利用这个机会，和博罗科林拉上关系，说不定就能做成他的生意了。

想到这里，他立即去拜访了博罗科林。见面以后，他说道："我今天来不是给你做推销的，我想请你帮我一个小小的忙。如果你愿意的话，我只耽误你一分钟的时间。"

博罗科林听了，依然叼着雪茄躺在办公椅上说道："嗯？好吧！你要干什么就快说吧！"

于是，埃姆森说道："我公司想在你们这里开一家分公司，我知道这里的情况你比任何一个人都熟悉，所以我想请教你，在这里开分公司怎么样呢？"

这是博罗科林以前从来没有遇到过的情况，要知道，这么多年来，他之所以对埃姆森粗俗无礼，只是为了获得一种自己比他更高贵的感觉。而此时，埃姆森却把他梦寐以求的高贵的感觉送到了他的面前，他不需要自己争取，只需要友好地收下就可以了。这让他高兴不已。

他站起身来，拉过一把椅子，对埃姆森说道："请坐吧。"

他竟然花费了一个小时的时间，详细地告诉了埃姆森有关这里的所有情况。

一小时后，埃姆森要告辞了。此时，他不但代表公司了解清楚了开分公司的所有情况，还获得了大批的订货合同。在之后的很长一段时间，埃姆森和博罗科林都是很要好的朋友。而这一切，都是源于埃姆森请博罗科林帮了一个小忙，使博罗科林获得了被尊重和被重视的感觉。

在说了这么多之后，我想提出一点忠告：知道上面的道理之后，一些人恐怕会机械地套用这种方法。这样做的话恐怕有些问题。

虽然我们的目的是让对方有被尊重和被重视的感觉，但这并不意味着我们可以通过虚伪的阿谀奉承达到目的。如果这样做，是绝对不会有效果的。尽管我们每一个人都希望得到别人的尊重和重视，但我们更希望别人是发自真心地尊重和重视我们，而不是虚伪的逢迎。因此，我们务必要做到一点：真诚——真诚地请求对方！

Six

第六章
如何巧妙扭转对方观点

- 当你要批评或者指责一个人时，最好先表扬他一番，这样能让对方更容易接受，也能避免争辩。

- 说服，不能妄想改变他人的初衷，而是在顺应对方初衷的基础上，扭转对方的观点，然后在新的观点影响下做出我们想要的决定。

- 过于直接的批评会招致他人的抵制，如果能够运用时间和委婉的方式提出批评，即使是敏感的人也会容易接受。

如何巧妙扭转对方观点

如果可能，永远不要批评别人

1931 年，经过数个星期的追捕，纽约警方终于抓获了绰号"双枪"的连环杀手克罗雷。因为连续枪杀了数位无辜民众和一位警察，克罗雷被称为"纽约有史以来最穷凶极恶的杀人狂"，随时都有"开枪杀人的欲望"。但是，这位穷凶极恶的歹徒却是这样评价自己的："在罪恶的外表下面，我有一颗倍感疲惫的心灵，虽然疲惫，但它依然善良、仁慈，并不愿意与谁为敌。"

事实上，就在被逮捕的前一天，克罗雷曾在自己的车里与女友亲热，一个警察走来要检查他的驾照，他掏出手枪便朝警察连开数枪，导致对方当场身亡。之后，克罗雷从车里跳出来，解下警察的佩枪，又朝着警察的尸体开了一枪。显然，克罗雷的所作所为表明他并不像他所说的那样"善良、仁慈，不愿与谁为敌"。

克罗雷最终被处以极刑。在临刑之前，他还在说："我杀死他是为了自卫。"

为什么犯了如此罪行的克罗雷到临死前还认为自己是对的？

一位犯罪心理学家曾说，很少有犯人认为自己是坏人，他们对自己的罪行总有合乎逻辑或情有可原的解释，最常见的理由就是"自卫"，这一点和克罗雷一模一样。总之，所有罪犯从内心里都不承认自己犯了多么严重的错误。

其实，在对自己的评价方面，罪犯与正常人的表现是一样的。每个人都能为自己的所作所为找到合理的借口，从而认为自己是百分百正确的。不论犯下了多么大的错误，绝大部分人都不会因而自责，甚至对别人的批评也是不以为然的。他能做的只有指责别人。

人类的这一心理特性给我们的说服工作提供了重要的参考原则，即批评绝对无益于说服，反而会伤害对方的尊严，引起对方的警惕，最终导致说服的失败。

就像一位心理学家所说的："人们排斥批评的愿望，与渴望赞赏的愿望一样强烈。"

先表扬，后批评的诀窍

约翰·卡尔文·柯立芝担任美国总统期间，经常表扬他身边的人。比如他会对他的秘书说："你的这件衣服真漂亮啊！你真是个迷人的姑娘！"

众所周知，柯立芝为人沉默寡言，这也许是他一生中唯一一次用这样的话夸奖自己的女秘书。女秘书受宠若惊，顿时脸红了。

此时，柯立芝接着说道："别不好意思啦，我只是希望带给你快乐。不过，我还希望以后看到你处理的公文时，不再出现标点符号方面的错误。"

虽然柯立芝指出女秘书缺点的方法有些太过直接，但从心理学的角度讲，却十分巧妙。通常来说，当我们听到别人对我们的表扬之后，再听到批评，就更容易接受了。理发师给人们刮胡须时，总要先涂一层剃须膏，也是这个道理。

亚伯拉罕·林肯总统曾给约瑟芬·胡克将军写过一封信。当时，内战已经进行了 18 个月，北方联军接连打了败仗，一退再退，数以千计的士兵临阵脱逃；在首都，共和党人趁机挑起事端，企图逼迫林肯辞去总统之职。形势的确令人沮丧，就连林肯本人都说："我们似乎已经走向了灭亡，就连上帝都不愿意保佑我们了，我甚至看不到一丝希望。"

也许，这封信是林肯担任总统以来写的措辞最为严厉的一封信，尽管如此，林肯还是在指出胡克的错误之前，先表扬了他。

尊敬的胡克将军：

我任命你为驻波多麦克地区军队的最高指挥官。我之所以肯这样做，是因为我有足够的理由这样做。尽管如此，在有些事情上我对你还是不太满意，我希望你能够明白这一点。

你是一位智慧干练的军人，这让我感到欣慰。我也相信，你不会混淆军人的天职和政治把戏，事实上，在这方面你一直做得很好。

你对自己充满了信心，这是一种宝贵的品质。你有雄心壮志，只要把握得当，也并无害处。但你不能放纵你的野心，在伯恩赛德执掌兵权时，你极力阻挠他的计划，这是不对的，对你的祖国、对你的战功显赫的同僚，都是一种很大的错误行为。

最近，我听说你认为政府和军队需要由强有力的领袖实行独裁统治，但我任命你为一支军队的最高指挥官时，却没有考虑你的这一观点，我没想那么多。我相信你应该知道，只有能够率领军队打胜仗的将军，才是强有力的人，才有资格成为领袖。现在，我希望你能给我和我的国家带来胜利的喜悦，为此我宁愿成为独裁者，让你能强有力地统率军队。

政府会像支持其他的将领那样给你和你的军队提供足够的支持。但我还是担心一件事，在过去，你引导着中下级军官和普通战士质疑你的上级，那么，如今你成为了他们的上级，他们是否一样质疑你呢？因此，我会尽我所能帮助你，让你摆脱这种担忧。一定要提高警惕防止这种思想，因为即使拿破仑复活，面对这样的一支军队，他又能有什么作为呢？

万事不要操之过急，一定要小心谨慎，精神饱满地夺取战斗的胜利。

尽管胡克所犯的错误都是致命的严重错误，但林肯却没有这么说，而是先表扬了他。这就是批评的艺术。任何人都不喜欢听到批评，这是人的天性。如果非要批评一个人，就一定要谨慎行事。最好的方法莫过于先用表扬和赞赏激起对方的正面情绪，这样一来他就容易接受批评了。

迪伦所在的公司接了一项业务，要在规定的时间内建造一栋巨大的商业办公楼，如果不能如期完成，将承担巨额的违约金。可喜的是，工程一直按照计划进行着，没有出现任何差错。然而，就在即将完工的时候，却出了差错：负责提供外部装饰品的合作公司突然表示，他们无法按时交付装饰品。这可就麻烦了，没有外部装饰品，整个工程就不能完工。这就意味着，他们将要支付数额巨大的违约金。

紧急时刻，迪伦奔赴纽约与负责外部装饰的公司老板交涉，希望能挽回局面。

当迪伦见到那位老板之后，说的第一句话是："你的名字是独一无二的。"

那位老板感到很奇怪，就问道："这是什么意思？为什么呢？"

迪伦继续说道："我在火车站时，在电话号码簿上查找你的住址，发现这里只有你一个人叫这个名字。"

那位老板表示难以置信，说："我怎么没注意到。"

于是，他拿来了电话号码簿，发现迪伦说的没错。接着，他有些傲慢地说道："在美国，我这个姓氏并不常见。其实我的祖上是荷兰人，在两百多年前才来到美国。"

等他谈完他的祖辈的事情，迪伦又对他的工厂赞不绝口，说道："你的工厂可真是够大的。它是我见过的规模最大、设备最先进的铜器加工厂。"

那位老板更加高兴了，说道："这可是我毕生的心血啊，我以此为荣。你愿意参观一下吗？"

参观工厂花费了他们大量的时间，在此期间，那位老板给迪伦讲了很多关于工厂的情况，迪伦都安静地听着。之后，那位老板又提出邀请迪伦共进午餐。需要注意的是，直到此时，迪伦仍然没有表明他的来意。

等吃完了午饭，还没等迪伦开口，那位老板就先说话了："我们来谈正经事吧。我知道你为什么来找我，本来我不认为我们的碰面会如此愉快，但事实上，我们谈得很愉快。现在，你可以返回了，因为我能按期给你们提供装饰品。我保证，即使为此耽误了其他订单，我也会优先照顾你们。"

迪伦还没有开口，就达到了他希望的目的。他回到费拉德尔菲亚没几天，装饰品就全部运到了。这样一来，他们的商业办公楼就能保证如期完工了，也不用支付高额的违约金。

由此可见，当你要批评或者指责一个人时，最好能先表扬他一番，这样能让对方更容易接受，也能避免争辩。这个过程就像喂小孩子喝药一样：通常的药都很苦，小孩子是不愿意喝的，但是如果在药里放很多糖就能冲淡苦味，这样一来只要稍微一哄，小孩子就能把药喝下去。

批评前的表扬就相当于苦药中的糖。

第一时间承认自己的错误

迅速、诚恳地承认错误

人性一大弱点是，需要得到来自别人的尊重。比如当我们对某人犯了错时，当我们不承认错误，对方就只有显示他的威严，才能获得被尊重感；当我们主动承认错误时，为了获得被尊重感，他反而要显得大度和仁慈。这就是化解争吵的奥秘。

如果我们不承认自己的错误，反而通过与他人的争辩为自己的错误行为辩护，那么只能适得其反。因此，我们应该在第一时间迅速而坦诚地承认自己的错误，承认对方的正确性。具体来说就是，我们应该抢先说出本应由对方说的话，留给他被尊重的选择，这才能使事情朝有利于我们的方向发展。

如果我们事先知道自己将要受到责备或处罚，那么我们何不抢在别人前面先责备或处罚自己呢？这样岂不是更好吗？**要知道，忍受自我批评总比忍受来自别人的批评要好受得多吧？**

在别人责备或处罚之前，找个机会承认错误，然后说出那些别人原本打算用来责备你的话，那么他们就无话可说了。既然无法再责备你，那么他们只有替你辩护和原谅你了，在99%的情况下，都是这样。

在绘制图书报刊和广告方面使用的画作时，要做到尽量简明和准确。很多时候，根据客户的要求，绘画编辑需要在极短的时间尽快完成一幅画作。由于时间紧迫，他们呈交的作品总会遗留若干无足轻重的瑕疵，这是无可避免的。

在与小赵有业务往来的客户中，有一位就很喜欢挑剔那些不可避免的小瑕疵。也正是因为这个原因，每次拜访他之后，小赵都是带着很不愉快的心情离开的。他之所以心情不愉快，并不是因为对方挑剔那些小瑕疵，而是因为对方指出的那些毛病并不恰当。

最近，小赵给一位客户提交了一幅匆忙完成的画作。不久，对方电话通知小赵去他那里。一见到小赵，对方就满脸怒气。此时，小赵马上想到了"抢先责备或处罚自己"的这个方法。

于是，他立即说道："真是不好意思，都是我的错。我们已经合作了很多次，我早该知道你的要求，可还是犯了错。对不起，我一定改正！"

对方见小赵这么说，竟然替他做了辩护："其实也没那么严重啦。只是……"

小赵立即说："不管怎样，哪怕是再微不足道的过失，也总会造成或多或少的影响……"

对方又要打断小赵，小赵又巧妙地阻止了。其实，这是小赵有生以来第一次把自我批评应用到沟通上，他发现他很愿意这样批评自己。他对客户说："我真不应该犯这种错。这样吧，我再重画一次。"

没想到对方竟连连摇头："不必了，真是不必了。用不着重画一次。"

之后，他居然肯定了小赵的优点，并诚恳地表示，他只是希望做一个很小的改动而已。不过，即使不做改动，也没有什么不良影响。他安慰小赵说，这是一个不必在意的小问题。

最后，他的怒气已经全部消散了。他请小赵吃了午饭，还跟小赵签署了另一项工作的合同。

然而，很多人——几乎是所有人，在犯了错误时，最容易采取的行动并不是"抢先责备或处罚自己"，而是尽力为自己辩护。这是人之常情，却是错误的做法。能够勇于承认错误，并勇于自我批评的人只是少数，但正是这些少数人，能够给人一种尊贵和高尚的感觉，并最终脱颖而出。

很多时候，如果我们的意见是正确的，我们会想尽办法，巧妙委婉地让人们赞同我们，但在犯错的时候，就变得犹豫和畏缩不前了。这种时候，我们应该迅速而诚恳地承认错误。使用这个方法，不仅可以获得令我们惊讶的效果，更为重要的是，它比我们做自我辩解更有用。

应该记住这样一句话："如果你总是不断地索要和争取，你永远都不会感到满足。相反，当你谦虚忍让时，却能轻易地得到比争取还要多的东西。"要说服别人赞同你也是如此，不要通过狡辩和抵赖逃避错误，而是应该勇敢、快速地承认错误。

不要轻易驳斥他人观点

每个人都对某件事物抱着自己的观点，有时这种观点会成为我们说服的障碍。比如一位客户认为自己不需要买保险，而你又是一位保险销售员，那么扭转对方对于保险的观点就成了你说服工作的重点。

我们在前面探讨过，说服中不能妄想改变他人的初衷，所幸观点并不等于初衷，它是可以通过一定的技巧来扭转的。换个角度来说，说服就是在顺应对方初衷的基础上，扭转对方的观点，然后在新的观点影响下做出我们想要的决定。

在扭转对方观点之前，我们首先要对对方的不同观点确立正确的态度。

美国政治家本杰明·富兰克林年轻时经常对与自己意见不同的人嗤之以鼻，导致人缘极差。有一天，一位长者将他狠狠地教训了一顿："你不应该斥责所有有不同观点的人！现在好了，已经没有几个人会在乎你的观点了。当你不在场时，人们的感觉比你在场时快乐。你以为你无所不知，这使得没有人再告诉你任何事情。更为重要的是，没有人试图与你交往，因为这是自取其辱，这是浪费时间。你除了已经掌握的知识之外，再也不会有所进步了。"

意识到自己的错误后，富兰克林给自己立下了一个规矩：避免在观念上与任何人起冲突，避免主观臆断和固执己见。为此，他甚至强迫自己不使用如同"当然""确定无疑"这样带有肯定意味的词汇，转而改用"我推测""我以为"这样的词汇。有人指出他的错误时，他会立刻放弃反驳的打算，转而用委婉的语气回应。

很快，富兰克林意识到了这些改变给他带来的好处。他和周围人的关系更加融洽了，他的观点也更容易被人接受了。尽管有时候他的观点也未必全然正确，但都能得到人们的支持和赞同。

长者的那番教训正是敦促富兰克林不断取得成功的原因之一。我们把富兰克林的经验借用到说服中，就能得出对待不同观点的正确态度：绝对不要武断地得出某种观点，任何时候都要尽量尊重对方的观点。

卡耐基在《人性的弱点》里也分享过一个相关的故事。

曼霍尼是一位经销专用设备的商人。有一天，一位来自长岛的老客户向他订了一批设备。可是，就在曼霍尼着手按照图纸制造设备时，那位客户突然改变了主意，随后打电话通知曼霍尼，说他不愿意接收那批设备了。

曼霍尼仔细地核对了图纸，发现设备制造没有任何问题。他意识到其中一定有了误会，于是专程赶到长岛去见那位客户。

两人刚一见面，那位客户就怒气冲冲地指出设备的生产商在制造工艺方面存在问题，并指责曼霍尼业务不精。

虽然明明知道一切问题不过出在客户的怀疑，曼霍尼仍然表现得很平静。他说："你订制的设备当然要符合你的需要。如果你认为需要更改，请给我新的设计图纸，我照样制造。虽然我会因此损失 2000 美元，但我能够接受，能够重新开始。需要说明的是，如果新的图纸出现问题，那么你要负全责。当然，如果不更改原计划，制作过程中如果出现错误，我负全责。"

客户听了曼霍尼的话，情绪平稳下来了。最后说道："那就按照原计划继续进行吧，只求上帝保佑不要出错。"

最终的结果是，这批设备果然没有出错，而且那位客户后来又订制了两批。

曼霍尼明知问题出在对方身上，却不轻易驳斥对方，而是站到对方的角度来考虑，将事情向有利的方向推进，最后避免了损失。

世界上绝大部分人都是固执己见的，他们不愿意轻易放弃自己的观点，如果我们驳斥其观点，就很有可能激怒他们，失去他们的信任，那么不管我们有多么合理的说辞也都难以再说服对方了。

我们不妨牢记鲁滨逊的这段话：

有时，我们会在没有受到反对或阻挠时改变自己的想法，但如果有人反对和阻挠时，我们反而不会有所改变了，而且还会感到恼怒和愤恨。同样，我们也不会刻意培养某种意识，但如果有人要消除这种意识时，我们却固执起来了。究其原因，并不是我们拒绝改变或偏爱某种意识，而是因为自尊心受到了伤害。

耶稣曾经说过："赞同你的反对者，而不是指出他的错误。"他认为这是说服对方，使对方遵从自己观点最有效的手段。也就是说，在说服中，我们要学会克制冲动，要尊重对方的观点，不要直接指出他们的错误，并利用一些巧妙的方法来达成扭转其观点的目的。这正是我们下一节要介绍的内容。

如何巧妙指出对方的错误

不要直接指出他人的错误

罗斯福曾说，在他每天所做的事情中，如果有 75% 是正确的，那就达到了他期望达到的最高标准。

作为 20 世纪最具影响力的人物之一，如果罗斯福都承认自己有不低于 25% 的事情是在犯错误，我们普通人又该怎么评判自己的所作所为呢？事实就是，我们每时每刻都有可能在犯错。

但是，绝大多数人都坚持认为自己是正确的，不愿承认自己每天都在犯错，所以谁都不想被人这么直白地批评："你错了！"这时候，他最可能的想法就是："你有什么资格说我错了？你又不是我！"

所以，没有人会对一个直指其犯了错的人心怀感激。本书开头我们就讲了一个下棋的故事，那个说服者的建议是正确的，却没能说服下棋的人听取他的建议，正是因为他直言不讳地指明了对方的错误，伤了对方的面子。

另外，我们更不能说"既然你不承认有错，那我就证明给你看"之类的话，因为这就等同于你对他说"我比你聪明，我要用事实来纠正你的错误"。这是一种绝对会伤害他人自尊，进而引起他人反感的行为，只会刺激得对方失去理智，并且毫不犹豫地站到你的对立面上。到了这种地步，说服就回天乏术了。

一位年轻律师曾在美国最高法院为一位被告进行辩护。在法庭上，法官问他："《海军法》规定的申诉期限是六年吗？"

年轻律师马上直言不讳地说道："不！法官大人，《海军法》中没有这一条文！"他一说完那句话，法官的脸色突然变得难看起来，整个法庭静得只能听到空调机的音响。

事后，年轻律师总结道："法官错了，而我是对的，我指出了他的错误。可是，他会因此而对我更友善吗？事实证明他不会。我相信这场官司我能赢，因为我有法律的根据，而且我的庭审表现也是空前的好。但是，我最终还是没有说服法官。我知道我犯了一个大错，我不该那样直截了当地对一位知名学者说'你错了'……"

以客观公正为名的法官都不愿接受别人的直指，哪怕他真犯了错，更何况是普通人了。因此，作为说服者，我们要牢记这样一句话：不管在什么情况下，永远不要直接指出他人的错误！

如何巧妙指出他人错误

告诉对方他犯了错的方法有很多。我们可以通过表情、语调来暗示对方，最有效的当然是委婉的言辞。

1. 放低姿态表述自己的观点

在说服或交谈中，指出对方的错误时所用的言辞要谨守一个原则，那就是：无论怎么说，我们绝不能表现得好像比对方聪明。或许就像亚历山大·普波说的："尽管每个人都需要被教导，但你要做得像没有教导他那样。"

所以，如果你在交流中发现了对方的错误，最好是这样说："我的看法和你不大一样，可能不对，你先听听看，是不是这么回事……"如果你能用这种说辞来表明自己的观点，并适当保持一种低姿态，即使你的观点与对方截然相反，也不会引发对方的抵触情绪。

2. 先一步承认错误

我们公司有一位客服经理，但凡遇到前来投诉的客户，他总是这样说："很抱歉，是我们做得不够好。能具体说说您遇到了什么问题吗？我们一定会努力改进的……"

显然，问题不可能全部出在我们的员工身上，而且大多数时候都是客户提出的过分要求没有被我们满足才会出现投诉，也就是说其实多数时候错在客户。但是我们这位客服经理从不把矛头指向客户，反而主动承认错误，所以能够很快消除客户的敌对情绪。一旦消除了敌对情绪，客户就通情达理多了，甚至还会主动帮我们介绍新客户。

这种做法反映了心理学原理中的"报偿原理"。当我们能够向对方大方地承认自己的错误时，对方就不好意思再坚持自己的错误了，往往能够客观地反省，进而真正意识到自己的错误。

3. 刻意强调关键问题

我们已经知道，人们最愿意相信的是自己的判断，每个人都自认为在做最正确的事情，如果他的决定被人质疑，他就会想尽办法反驳——而且一定能够找到理由反驳。如果我们能够发现对方观点中的问题，不去质疑，而是顺应他的观点深入展开那个问题，就能让对方自己发现自己的错误。

下面的场景应该经常在我们的生活中发生。

一位女士到另一位女士家做客，两人就主人新买的窗帘开始了交谈。

"你家这窗帘也是进口的吗？"客人问。

主人摇了摇头说："不是。"

"看着和我先生从尼泊尔带回来的那套差不多呢。多少钱买的？"

"4000多一点。"

"这么贵？尼泊尔的手工窗帘才3000块。你不是被骗了吧？"

主人的脸色变了，说："应该不会吧。一分钱一分货嘛。"

再看另一种情形。

"哇，你家的窗帘真漂亮！"

"是嘛，谢谢！当初也是因为看它很漂亮才决定买下来的。"

"看这工艺，应该是在尼泊尔手工编织的吧？"

"不是，就是在国内买的。"

"但是看这工艺还有款式设计都很不错啊，简直比我丈夫从尼泊尔带来的那款还要有品位呢！你看这用料，这针脚……"

"不会吧？说实在的，这套窗帘买得很贵，我还真是有点儿后悔呢……"

我们也许都有过类似的经历。当一个人当面认可我们的时候，我们一方面会觉得理所当然，另一方面却在考虑我们自身的不足，这时我们很容易发现自己一直担心的问题，一旦口头说出了问题，我们就主动承认了错误。但是我们也不会产生不愉快的感觉，因为错误是我们自己意识到的，相当于我们在向自己认错。

由此可见，人们虽然不愿意被别人指出错误，但倾向于对自己认错。这时，如果有人能给我们创造一个机会，我们就会顺理成章地承认错误。更重要的是，当一个人能够甘心认错时，往往更容易接受新的观点——这正是趁机说服他的大好机会。

巧妙编织委婉言辞

对方过错避而不谈

查理是一座钢铁厂的经营者。一天下午，他突然出现在钢铁厂的生产现场，发现有几个工人正在厂房里吸烟。按照公司规定，厂房里是不允许吸烟的。看着那几个若无其事的员工，查理没有指着"禁止吸烟"的告示牌大声训斥他们，而是走到那几个工人中间，拿出香烟，每个人递上了一根，说道："如果你们能够在厂房外面吸烟，我会非常感谢的。"工人们这才感觉到不好意思，都把手里的香烟掐灭了。

我们已经知道，过于直接的批评会招致他人的抵制，如果能够运用间接和委婉的方式提出批评，即使是敏感的人也会容易接受。查理的做法就是对对方的过错避而不谈，这正是我们要介绍的第一种委婉表达的方法。

在说服中，不谈对方的过错能够保护对方的面子，在对方知情的情况下，自然会对你生出好感，进而反省自己。

化指责为赞美

在本书的第三章，我们曾提到过如何识破对方言不由衷的"赞美", 但反过来说, 这种赞美也是有效避免冲突、委婉指出对方错误的好方法。

莱曼·艾伯特牧师是个很受人尊敬的布道者。在刚开始布道的时候, 他曾花了几天时间准备了一篇文采飞扬的演讲稿, 然后兴致勃勃地将那篇演讲稿念给他妻子听。艾伯特夫人听完之后, 只对丈夫说了一句话: "如果你把这篇演讲稿发表到《北美评论》杂志, 一定会大受欢迎的。"

听了妻子的话, 艾伯特马上认识到了自己的错误。《北美评论》的读者大多是受过高等教育的人, 他们喜欢看表述精彩的文章, 但是来教堂的人却不一样, 大多数是些没有受过教育的民众, 他们更喜欢的是通俗易懂的、生活化的演讲。于是, 艾伯特扔掉了那份演讲稿, 决定用口头化的语言发表第一场演讲, 结果很受人们欢迎。

试想, 如果艾伯特夫人直言"你的演讲大家不会喜欢听的", 艾伯特一定会大受打击, 就算能够听从建议, 也会对妻子产生不满。这位聪明的妻子用了一种委婉的表达方法, 一方面表达了对丈夫的鼓励和赞赏; 另一方面又暗示了他所犯下的错误。

借鉴艾伯特夫人的做法, 我们可以在说服中用变相赞美的方式指出对方的错误。我们可以这样说: "如果是在 ×× 情况下, 您的做法是非常明智的……"

用"同时"或"而且"代替"但是"

很多时候, 我们似乎都知道直接地批评对方是不明智的, 因此在指出对方的错误时往往会用转折句来表达。比如: 我们会先表扬对方的优点, 然后用一个"但是"转入批评的言辞……这种看似会让对方更容易接受的批评方法实际上并不可取。

　　无疑，对方在听到"但是"之前的表扬会非常高兴，然而"但是"后面的批评一旦出口，对方就会产生强烈的抵触心理，并且会严重怀疑之前的赞赏并不是发自某人内心的。这样一来，批评别人再加上虚情假意，"两罪并罚"，批评者的处境也就可想而知了。

　　这里就需要注意一个小技巧了：把"但是"换成"而且"或"同时"，情况立刻就不同了。我在和公司员工交流时就总是极力避免说"但是"这个词。

　　总之，在批评别人时，我们应该想办法避免直接尖锐的批评，以免引起对方的抵触及怨恨。如果必须要提出批评，也应该尽量用间接、委婉的方式，旁敲侧击暗示他，这种方法既不会引起对方的怨恨，又会让对方很容易接受。

Seven

第七章
绝对成交：
说服在销售中的具体运用

- 销售就是说服卖家的过程，说服成功，顾客掏钱；说服不成，顾客走人。
- 本章是我从多年销售实践中提炼的说服技巧，虽然强调的是销售，但放在任何情况的说服中都有可资借鉴之处。

迅速确定顾客的购买动机

　　顾客的购买动机，就来源于他得到了各种的心理满足：寻求快乐的满足，如读书的快乐、色香味感官体验的快乐、户外运动的快乐等；寻求自身价值的满足，如得到尊重、恭维、体现自己更高的能力和社会地位等；寻求审美的满足，如一款设计精美、理念独到的化妆品、电子商品等，会让购买者体会到一种独特的美的享受；寻求归属感的满足，如别人有的，我也应该有，否则就是"out"了。这就是很普遍的"从众心理"，它既表现了人们的盲目跟风，也更深刻地说明了人们希望得到一种集体归属的深层心理满足。除了从众心理，人们天性中还有好奇心理、追求个性的心理等。这些心理的满足，都会在时机成熟时，激发人们购买的动机，从而产生购买行为。

　　从大的方面来说，购买动机可分为感情动机、理智动机、惠顾动机等。

　　感情动机是指由于人的各种喜、怒、哀、乐的情绪和情感认知所引起的购买动机，它又可分为情绪动机和情感动机两种。情绪动机，是由外界环境因素的刺激，如商家的广告、表演秀、降价等刺激以及自身生活中偶发的事件而产生的好奇、兴奋、发泄等所激起的购买动机；而情感动机是由于商品本身的包装、样式、色彩等方面的特点引起顾客的喜爱而产生的购买欲望，这样的顾客对商品价格不求便宜，而求适中或偏高。

晓晓今天心情特别郁闷，因为跟男友吵了一架，原计划共度一个温馨的周末，她却一气之下独自跑出来散心。她漫步在大街上，像往常那样，不由走进了热闹、熙攘的购物中心。

她有一个习惯，每当生闷气或情绪低落的时候，就用疯狂购物来发泄自己的烦躁和郁闷。让自己尽情地吃美食，成为一个饕餮之徒；放手购买平时舍不得买的衣物、饰品等，用这些物品作为自己情感上的安慰和补偿。她的不良情绪也确实渐渐随着金钱一起发泄出去了，平静的心情也像手中越来越多的物品一样，慢慢回到内心。

晓晓的这种购物，正是典型的情绪动机引起的行为。

理智动机是对所购对象经过认真了解和考虑，在理智的约束和控制下而产生的购买动机。在理智动机驱使下购买的顾客，比较注重商品的质量，讲求实用、可靠、价格便宜、使用方便、设计科学合理以及效率等。

惠顾动机也叫信任动机，是指顾客对某些企业或销售人员建立了信任和偏好而产生的购买动机。这种动机的顾客会重复地、习惯地向某一销售员或卖场购买。

销售人员要促使销售工作的顺利进行，一定要善于观察、推测和了解顾客的购买动机。调动客户购买的积极性。这就要想方设法了解客户的心理，善于发挥一些心理影响力，来调动和改变顾客的行为，引起他内心的满足感，让他从购买商品中获得实惠，获得利益，获得好处，从而产生强烈的购买动机，而主动掏钱购买你的产品。

有针对性地介绍你的产品

销售人员要想排除客户的异议，运用"重复定律"是一个很好的方法。

心理学研究证明，在人的潜意识当中，如果不断重复地听到一些人、事、物，那么这些人、事、物就会在潜意识里变成事实，得到人们的认可。这就是心理学的"重复定律"。

如果在销售过程中，销售人员能够善于运用这一定律，对能满足客户需求的产品特点反复、重复说明，就会在客户的头脑中形成清晰的印象，促使客户认同产品，从而采取购买行动。

甲乙两个不同的销售员卖同一款手机，然而取得的销售效果却大不相同。

甲："嗯，这么说，您决定购买一部手机啦？"

顾客："是啊。女儿 10 岁生日，我和她妈妈决定送她一部手机作为生日礼物。不过一定要功能简单一点的，因为她还小，不太能接受复杂的操作，我们也不想她因为玩手机而分散注意力，影响学习。所以一定要买一款简单实用、适合孩子使用的手机。"

甲："您的预算大概是多少？"

顾客："1000 元左右吧。"

甲："好的。我觉得这款手机挺符合您的要求，目前特价，只售880元，物超所值，能为您节省……"

顾客："嗯……"

甲："您看它色彩鲜艳、机壳的图案很可爱，您的孩子一定会喜欢……"

顾客："对不起，使用起来是否方便容易呢？"

甲："我正要介绍……"

顾客："让我先考虑考虑再说吧。"

在上面这个案例中，销售员甲为什么销售失败？这是因为他把注意力集中在产品为客户省钱这个特点上，却忽略了满足顾客最想要的"简单方便"的特定需求了。

尽管该手机具有许多特色，但顾客只想给女儿买一款容易使用的手机，所以没有接受销售员的推荐。

我们再来看看乙是如何销售的。

乙："嗯，这么说，您决定购买一款手机啦？"

顾客："是，不过一定要简单、好操作的。她只有10岁，我和她妈妈希望能和她随时保持联系，对她的安全更放心。但我们不想让她因此而分心影响学习，所以一定要功能简单、容易使用的类型。"

乙："容易使用的？好的。您的预算大概是多少呢？"

顾客："1000元左右吧。"

乙："好的。我觉得这款手机最符合您的要求，目前特价，只要880元，这是在您预算范围内最容易使用的手机。它有一键发送功能，可以最方便地与家人保持联系。除了接打电话、收发短信等基本功能，它还能储存学习资料、听音乐，可以成为您女儿提高学习成绩的帮手呢！它的操作模式简单明了，一学就会，非常容易。"

顾客："嗯……"

乙："它具有卫星定位功能，能随时确保您孩子的安全。而且它辐射最小，有利您孩子的身体健康。"

顾客："就这么简单？"

乙："就这么简单！您打算今天就买吗？"

顾客："现在有货吗？"

乙："当然。"

顾客："好吧。"

销售员乙在听到顾客的特定需求是一部"使用简单、安全"的手机后，就为顾客描绘了一幅如何轻松使用的情景，并将对方的特定需求重复了四次。通过不断重复"容易""安全"这类词语，加深了顾客的印象，使之认同了乙的推荐，最终促成了销售。

所以，销售员要先倾听顾客的描述，了解顾客的需求，当顾客提出的需求非常明确时，销售员就可以通过使用"重复定律"，消除客户的购买异议，从而引导客户在心理上认可产品。

要注意的是，销售员在重复产品能满足客户的需求时，最好使用感性的语言，把"创造感觉法"与"强化印象法"一起运用，让语言产生一种无形的推动力与感染力。

比如，你卖的是按摩床垫，而客户的最大需求是减肥的话，你就可以突出床垫通过按摩人体的特定穴位，可以达到辅助减肥的功效。你的话语可以这样说："使用了这种床垫，您每天晚上睡着的时候，脂肪都在自动燃烧，那种变苗条后的轻松感觉，会让你感到非常美妙和舒服。"你通过这样感性的语言，引导客户想象减肥成功后的美好体验，就强化了产品在客户心中的印象，客户自然想要拥有这种产品。

你还可以用一些短句来强化印象，例如："你一定不会忘记""这么美妙的东西，相信你会记住""你会常常想起""这将给你留下深刻的记忆"，等等。

同样，你也可以从亲情的角度来打动顾客："你的孩子会因此而感激你的""你的妻子会永远记得这份美妙的礼物"，等等。

能准确了解客户的心理，再运用重复的方法，一定可以找到你与顾客的共同点，从而很快消除客户的异议，将客户的心紧紧吸引，而达到销售的成功。

强化顾客心理需求，朝签单推进

人是群体的物种，因此，人们在社会群体活动中，难免会把自己与别人作比较，虚荣心和好胜心强的人，在攀比心态上要比普通人强。人在心理上的这个弱点，可以作为销售中的一个攻心术来应用。

很多商品在购买前，萦绕在消费者脑海中最多的就是"某某都有了，我也要有"、"连某某都能坐这么好的车，我也要去买"等念头。

如在大学校园里，没有买个人电脑的同学，一般都是出于这种攀比心理，要求父母为自己也购买电脑。就像 mp3、电子词典等电子产品的风行，也是消费者的攀比心理起了推波助澜的作用。

对销售人员来说，可以利用消费者的攀比心理，进行对其参照群体的对比，有意强调其参照群体的消费动向，来最终达成销售。

有些顾客不善言谈，或者是不愿意通过口头表达或其他方式来透露自己消费时的心理。遇到这种情况，销售人员可能会觉得无从下手。但事实上，这种情况并不可怕，虽然他们的嘴很好地保护了他们不想说的话，但是他们手部的一些不经意的小动作却常常会"出卖"他们，泄露他们的心理。销售人员如果平时多注意观察这些小动作，那么就能获得很多至关重要的信息。这样，了解顾客的心理就有渠道了。

那么，顾客的手部动作都代表着什么意义呢?

当顾客将手放在口袋或者横在胸前时，这代表顾客的一种防御心理，表示他对销售人员还没有完全信任。

当顾客轻揉鼻子时，代表他还不敢信任销售人员，他认为销售人员在花言巧语。

当顾客抚摸着后脑时，传达的是一种反对信号，这表明顾客不同意销售人员的说法。

当顾客揉着眼睛时，这是反对的信号，表明他根本不接受销售人员的推销。

当顾客用力摆弄手指、摆动手臂或者敲桌子时，销售人员一定要注意自己此前的言行是否令顾客感到不满或厌烦了。

当顾客轻拍着手掌或捏着手指时，代表销售人员已经让他耐心耗尽了，他马上就要忍受不了了。

当顾客咬着指甲时，代表他不安犹豫，可能他对销售人员以及产品还存有怀疑。

当顾客将手伸入口袋中且翻动着，这表明他联想到经济的问题，也可能缺钱。

当顾客摸着耳朵或紧拉着耳朵时，这表示他不能做决定，他还需要考虑。

当顾客紧捏着鼻梁、抚摸着下巴时，此时顾客正考虑要下决定。

当顾客抚摸着小腿胫骨时，表示他正想下决定。

当顾客轻拍或抚弄头发时，这是同意信号，表示他已经基本认可销售人员的话。

当顾客点起烟时，这是绝对同意的信号。

当然，对于顾客手部动作所代表含义的分析，必须结合具体的沟通情境、人物的性格特点以及不同的风俗习惯等进行具体的分析，不能一概而论。同样一种手部动作，在不同的沟通情境、不同的地域中所表达的意义可能会大相径庭，而不同性格的人在传递信息时所展示出的手部动作语言也不尽相同。

销售中的报价策略

美国政治家亨利·基辛格曾经说过："谈判桌上的结果取决于你的要求夸大了多少。"将定价提高些，留下讨价还价的空间，这样可以帮助你获得远超本钱的利润，这是一种讨价还价的智慧。如果运用得当，它能够帮助你成为一个优秀的销售人员，它的秘密在于：

1. 可能你开出的价格就是最后成交的价格。

凡事都有可能，销售谈判盘根错节，各种情况都有可能发生。在某些情况下，只要你能言之成理，即使是你认为一般人可能难以接受的开价有时也可能成交。因为有时候你认为价值不高的东西很可能被顾客奉若至宝。

2. 高价会让你的产品看起来有更高的价值。

同样进价 100 元的两件衣服，一件要价 150 元，一件要价15000 元，恐怕无论是谁都会对后者刮目相看，这种好处在遇到没有经验的顾客时更加明显。所以，有些时候，你的产品到底值多少钱，很大程度上是由你开价高低决定的。

3. 开高价可以给你留下一定的谈判空间。

讨价、还价，这是在销售过程中必然出现的两个过程。一旦你出价了，对方还价这是情理之中的事。但是如果你要价之后再涨价，那就是情理之外的事情了，除非你有非常充分的理由，否则结果必然是顾客扭头离去。

但是如果你索要的价格远远超过你预期的售价，那这个价格就有了更多的伸缩性，你就有了更大的回旋余地。

4. 开价高是让顾客心理获得满足感的一种方式。

顾客在购买商品时，如果能因为自己的努力砍掉部分水分，在他认为的合理价位成交，那么顾客在心理层面上，就会有成功节省开支的心理愉悦感和满足感，并从中收获对自己谈判能力的肯定。

总之，把价开得高一点既能让自己从中多获利，又能让顾客从中获得一种愉悦和满足。所以，销售人员在销售中，一定要果敢地大胆开价，并为其找到合适的理由，这样，进可攻、退可守，讨价还价也不至于陷入被动，才能保证无论情况怎么变化都能有钱赚。

在销售过程中，我们一定要先把产品的优点讲出来，将产品的优势展示给顾客，让顾客觉得这是一个好产品，多花点钱也没关系，然后你再适时报出一个合理的价格，这样才让顾客更容易接受。

当顾客主动提出价格问题，我们千万不要主动报出低价，哪怕这就是我们原本设定的价格底线。因为，听到你的最低报价后，顾客还是会以为你的价格偏高，出于"占便宜"的心理，他们会继续要求你把价格往下压。这样一来，如果你不同意，双方就会陷入僵局；如果你同意，则会损失利润。即使双方未能达成本次交易，他们也是赢家，因为顾客已经掌握了你的底线。这样一来，无论下一次继续与你讨价还价还是和其他公司交易，他们都会掌握主动权。

所以，此时销售人员最好的回应策略就是请顾客给出一个略高的价格，借以试探买家的底线。有时候，某些精明的顾客不会轻易说出自己的底线，会尽可能地压低价格。这时拼的就是双方的耐心，你可以再次重复一遍之前的话："还是你们出个更合适的价吧！"然后采取沉默的心理策略：没错，百分之百的沉默，一个字也不说、"打死也不说"！

在这样的情况下，谁先开口就意味着谁先妥协，就意味着谁失去了在讨价还价中的优势地位。妥协的一方往往会说"我再让步100元"、"我再让步8%"……就是这么简单，先开口的一方就在别人的沉默中失去了这100元、8%甚至更多的利益。这样，看似没有结果的交易会以一方的妥协而结束。这就是沉默的力量。这个时候，如果沉默到最后的是销售人员，那么销售人员就获得了销售的成功。

当然，能达到这种效果的沉默必须是一种恰到好处的沉默。我们常讲沉默是一种艺术，需要掌握分寸，不可滥用。那么，在讨价还价中，销售人员怎么才能把沉默运用得恰到好处呢？

1. 要明白沉默必须有目的、有计划。

在讨价还价中，沉默不是消极的无作为行为，而是以退为进的积极行动。它不是逃避、忍让，而是一种策略，其目的就在于更有效地控制谈判局面，最终促成交易。

2. 要把握好沉默的时机。

在销售中，什么时候该沉默，什么时候不该沉默，这是非常有讲究的。所以，销售人员一定要把握好沉默的时机，也就是要适时沉默，否则非但不能达到预期的效果，反而还可能失去一单生意。

3. 要控制沉默的时间长短。

沉默也应该见好就收。销售人员要根据讨价还价的需要，或长或短，有目的地控制沉默的时间，要始终明白积极的沉默不是永久性的，只是暂时性的。

4.沉默要与你之前的发言、举动等积极的行为结合起来。

沉默是整体销售策略中的一环和一个方面，它必须与销售人员之前的发言、举动等积极、对销售成功有促进作用的行为结合起来，才能发挥应有的作用。

总之，在讨价还价过程中，销售人员要灵活运用沉默这种手段，这样才能让你用无言的重磅武器让对方在压力之下就范，以自己预期的价格成交。

很多销售人员为了促成交易，在讨价还价环节刚一开始时，就轻易做出妥协让步，只要客户开出的价格达到了他们心中可以成交的底线，他们就会干脆地表示同意。很多销售人员以为这样方便省事，是在让利给顾客，顾客一定也会喜欢这种讨价还价的方式。但是事实并非如此，当销售人员如此干脆、果决地让步后，反倒会让顾客对产品的价值产生怀疑，让他们对自己的报价后悔，要么放弃购买，要么得寸进尺，逼迫销售人员做出更多的让步。

女士小唐在时尚杂志上看到一个流行的包包，颜色、款式、材质都非常称她的心，正好可以配她前几天刚买的衣服。

小唐的先生也表示了认同："嗯，我也觉得不错，青春、时尚、洋气，你背起来一定漂亮极了。只是不知道得多少钱。"

小唐找了好几天，终于在一家小店里找到了杂志上的包包，于是忙拉着先生来到店里："就是这一款！"又悄悄对先生说："这样吧，要是超过3000元我就不买了……"

先生对销售人员说："我不喜欢讨价还价，我们都干脆一点，

1500 卖不卖？"销售员痛快地说道："本来标价 2600 元，看您这么痛快，就 1500 拿走吧！"

拿着皮包去前台付钱时，小唐越来越觉得不对："我们是不是买贵了？"

"我也不知道，但是登到那本时尚杂志上的包包应该不会便宜吧？"

"老公，那能不能是假的啊？那人那么轻易就把它卖给我们，我总觉得不对劲。"

"不能吧，你以前不是也在那买过东西吗？不过，我最开始也以为 2000 多呢！"

小唐却是越看那皮包越像假的，突然拉住先生说："算了，还是别买了！"

事实上包包一点儿毛病也没有，更不是假的，各种商标、质量说明齐全，只是因为那位销售人员太痛快地让步，使小唐心中有了疑虑。

如此迅速、果决地让步，却让他最终失去了生意。其实，单方面轻易让步之所以是坏事，并不在于做出让步的大小，而是因为它削弱了销售人员的谈判地位。不要说是顾客，恐怕我们都会想如果你的产品没有任何问题，你怎么会这么快就无条件地做出让步？是不是产品有什么瑕疵？难道不是正品？是不是从非正规渠道来的？当你面对顾客做出单方面无条件、迅速让步时，他们通常都会这样去想，对产品的信任感迅速降低，让你在讨价还价中陷入被动。

当然，在讨价还价中销售人员并非不能做出让步，只是这种让步必须是有计划、有步骤、有理有据的。在销售过程中，销售人员要始终记住，妥协让步并不是真的妥协让步，而是要通过妥协让步来传递某种信息，并以此来换取客户的让步，促成顾客购买。所以，无论什么时候，毫无意义的妥协、让步都是不可取的。

那么，销售人员应该如何在讨价还价过程中做出让步呢？一个最简单的做法就是加上"如果"两个字，也就是说不能白白地让步，而是要给让步加上一个限制条件。

"如果您买两件的话，我们可以考虑给您打 8 折。"

"如果您选择绿色的话，我们可以降价 100 元。"

"如果您承担运费，那么我们在价格上还能降一点。"

"如果您今天就能签合同的话，我们可以考虑给您一些折扣。"

……

用上"如果"两个字，加上一个限制条件后，就会让你的让步有的放矢，看起来更可信、更可靠。顾客会对你的产品或服务充满信心，认为它们值得这些钱，交易成功的可能性也就会更大一些。

如何排除顾客的异议

"客户提出异议，我只要采用适当的方法解决就好了。"这往往是许多销售人员面对客户异议时的一般做法，为客户排忧解难，自然会得到客户的回报。然而，有时客户提出的异议并不一定是他的真实想法，他只是想通过提出异议来达到另外的目的，比方说压价，比方说索取赠品，当然也有可能是在试探销售人员的态度。这时，如果你还在盲目地为了解决客户表面上的异议而费尽心思，则很有可能离成交越来越远。挖掘顾客异议后面的真相，采取相应的措施，这才是你此时应该做的。

在销售中，挖掘客户异议后面的真相不是一件容易的事。这需要销售员仔细观察客户的言行举止，甚至还要学会领会客户的言外之意。但遗憾的是，有些销售人员在面对客户提出的异议时，并不是首先识别异议，而是直接进入化解异议的状态，这样会导致很多"冤假错案"，造成客户的不信赖，往往令销售活动很难继续进行。比如下面这个案例：

王先生想买一辆车，于是就向销售员咨询售后服务的相关情况。

王先生问销售人员："听说你们的油箱总是出问题，经常漏油？"

销售员："这个您大可放心，它只是个别情况，绝不可能发生在每一辆车上，我们的油箱质量绝对是一流的。"

王先生："你们的售后服务怎么样？"

销售员："您放心，我们公司的服务宗旨就是顾客至上，售后服务绝对一流。我们公司多次被评为'消费者信得过'的企业，而且我们的售后服务体系通过了 ISO9000 国际质量体系的认证。"

王先生："我的意思是说，假如油箱真的出现质量问题等情况怎么办？"

销售员："哦，是这样啊。这个您尽管放心，我们的服务承诺是一天之内无条件退货，一周之内无条件换货，一月之内无偿保修。"

王先生："真的是这样吗？"

销售员："是的，我们可是中国名牌，您大可放心购买。"

王先生："好吧，我知道了，我考虑考虑再说，谢谢你。"

销售员："哦？您……"

也许很多人都会发出这样的疑问：为什么王先生得到了这么多的解释，最终却没有买车？

其实，最主要的原因就在于销售员在没有弄清楚客户提出异议的真相时，就盲目地给出了自以为是的答案，客户没有感觉到应有的尊重，也没有听到自己想要的答案，因而就减少了对销售员的信任感，失去了购买的兴趣。心理学研究表明，人们希望自己提出的问题得到回答者认真地确认，确认问题的过程可以体现出回答者的重视程度。另一方面，有些问题很容易造成回答者对异议理解上的偏差，因为人们在提问时会习惯性地出现一些省略背景描述、隐藏提问真实动机的情况。

为了避免让顾客感觉到不被尊重，草率地给出答案，销售人员一定要事先了解顾客的真实目的，然后再给予回复。在上面这个案例中，如果销售人员善于挖掘客户异议后面的真相，其结局就会大不一样。

王先生："听说你们的车总是出问题？"

销售员："这个您大可放心，有些问题只是个别情况，绝不可能发生在每一辆车上，我们的质量绝对是一流的。"

王先生："你们的售后服务怎么样？"

销售员："王先生，我很理解您对售后服务的关心，毕竟买车不是一件小事，那么，您所指的售后服务是哪些方面呢？"

王先生："我以前买过一款类似的车，但用了一段时间后油箱就开始漏油了，后来回去找售后维修，修好后一个月又出现了同样的问题，再去修的时候，对方说要收修理费，无论我怎么说，他们都不愿意承担这部分的费用，最后，我只好自认倒霉，毕竟花了不少钱买来的。我想知道你们在这方面是怎么做的？"

销售员："王先生，您真的很坦诚，除了关心这些还有其他方面吗？"

王先生："没有其他的问题了。"

销售员："王先生，其实，很多顾客都和您一样非常关心这个问题。我想告诉您的是，我们公司的车，采用的是意大利 AA 级标准的加强型油路设计，这种设计具有极好的密封性，即使在正负温差 50 度，或者润滑系统失灵 20 小时的情况下，也不会出现油路损坏的情况，所以漏油的概率极低。当然，也会有一些特殊情况发生，如果真的出现了漏油的情况，您也不用担心，我们的售后服务承诺是：自购买之日起 1 年之内免费保修，同时提供 24 小时之内的上门服务。您还满意吗？"

　　王先生：既然这样，那我就放心了，就在你们这买了。

　　面对同样的异议，不同的处理方法，获得了截然不同的结果。这就说明，只有了解了客户异议后面的真相，才能更准确地化解客户的异议，消除他们的购买疑虑，促使他们做出购买决策；而如果销售人员在不知道客户的真实目的的情况下，就轻易给出解答，往往会让客户觉得可信度低，反而会加深疑虑。

　　总之，销售员要想有效地排除客户的异议，就必须善于挖掘客户异议背后的真相，然后采取相应的措施，恰当地处理。千万不能被客户表面上的异议所蒙蔽，以免南辕北辙，或者给销售带来更大的障碍。

Eight

第八章

对方最想要什么

——给各职业的"一句说服真经"

- 营销的目的是提高销量，这就需要找到你的产品用户群体，然后有针对性地进行产品推广，让你的目标客户群体看到产品亮点，进而了解产品，购买产品。

- 想要说服顾客进行购买行为，最重要的不是阐述自己的产品有多好，而是先让顾客享受到独一无二的优质服务，当顾客意识到自己已经被当做一个尊贵的VIP客人对待时，即使他没有购买欲望，也不好意思拒绝你的销售了。

- 喜欢听赞美的话，喜欢得到别人的恭维，是人性的弱点。在说服顾客消费时，一定要抓住这一点，照顾到顾客的情绪，说一些好听的话，让顾客觉得自己是有面子的。

销售：所有顾客都想当VIP

顾客在乎的是面子

对于销售而言，往往觉得顾客的心理阴晴不定难以捉摸，实则是不了解顾客的欲望与需求。对于大部分的顾客而言，他们最在乎的，其实是面子。了解到这一点后，就不难说服顾客进行购买行为，只要把每一个顾客都当作是尊贵的 VIP 会员，他们自然会为你的服务买单。

什么是 VIP？ VIP 的全称是"Very Important Person"，译成中文就是"高级会员、贵宾"。这是商家鉴于竞争激烈而想出的经营手段。一般而言，凡是成为某个商家 VIP 会员的人，就可以享受到一些特有的优惠或者折扣，VIP 会员还有消费返利、联谊活动、免费停车等特殊权利。不仅如此，有时人们办一张 VIP 会员卡为的不是得到更多的实惠，而是一旦成为哪个商家的 VIP 会员，会觉得自己特别有面子，可以说 VIP 已经成为一种身份和地位的象征。

喜欢听赞美自己的话，喜欢得到别人的恭维，是人性的弱点，没有人可以避免，因此，销售在说服顾客消费时，一定要抓住这一点，照顾到顾客的情绪，说一些好听的话，让顾客觉得自己是有面子的。

王小姐经常去一家商务会馆消费，于是，会馆的经理向王小姐推荐了VIP会员卡的项目。王小姐考虑了一下，觉得比较划算，就马上办理了一张会员卡。

一次，王小姐请几个客户在那家会馆吃饭，吃完后王小姐去前台结账，她出示了自己的会员卡，服务员接过去一看，是老板签字的会员卡，立刻满面笑容，不仅酒水按七折算，海鲜也打了八折，这让她省了不少钱，而且后来经理还亲自送来一盘水果布丁，说是算自己请客，希望他们下次光临。这让王小姐觉得自己在客户面前很有面子。

给顾客VIP的感觉

每个人都有虚荣心，这放到销售领域，就可以翻译成，每一个顾客都想成为VIP。因为对于顾客而言，有VIP卡，就说明有消费能力，是贵人。而谁不想成为贵人呢？现在越来越多的商家为客户办理VIP卡，用打折、积分和优惠等活动来吸引客户消费，同时给予客户实惠。VIP卡的形式已经从商场扩展到各种各样的小商户，其种类也是各式各样。据调查，23%持有VIP卡的人在办理的时候都是为了满足虚荣心，26%的人是因为商家推销而办理的，还有15%的人是抱着"别人有我不能没有"的心态办理VIP卡的。这个调查说明，你的客户都想要得到VIP待遇，而推销成功与否，要看你怎样应对客户的这种心理。小人物更是有这种强烈的心理需求。

有一名专门推销健身器材的销售人员，一次去一家私营公司推销健身器材。他进了经理室，见该公司总经理、后勤主管等领导都在，旁边还有一位正在打扫卫生的老伯。

于是，他娴熟地介绍了产品的样式、质量和价格，很快就使老总有了购买意向，并告诉他如果产品情况属实，便可以签订 2 万元的购货合同。眼看推销成功了，销售人员打心眼儿里高兴，他一边答应过几天送货质检，一边忙从口袋里摸出一包"555"牌香烟，给在场的领导们点上后，说了些客气话，便告辞了。

然而，当销售人员再来该公司联系送货业务时，后勤主管却告诉他，公司不打算要这批产品了。他问是什么原因导致公司改变了主意。对方直截了当地说："老总的岳父嫌你的价格过高，劝老总买别人的。""老总的岳父怎么知道我的货价高呢？""他岳父就是那个扫地的老头！你的话他都听着了。"后勤主管看了一眼还没有明白过来的这位销售人员，说："谁让你小看人，少发一支烟呢？他说你这人眼皮往上挑，不实在……你说为了这点事，我们老总能得罪老岳父吗？"

该销售人员的失败便是因为没有准确找到自己的真正客户，而不给客户面子的下场，当然是订单失败。正所谓客户就是"上帝"，作为"上帝"，他们当然希望你能给他们足够多的关怀与尊重。

想要说服顾客进行购买行为，最重要的不是阐述自己的产品有多好，而是先让顾客享受到独一无二的优质服务，当顾客意识到自己已经被当作一个尊贵的 VIP 客人对待时，即使他没有购买欲望，也不好意思拒绝你的销售了。

客服：生气的客户从来不是对你生气

客户生气是结果，不是目的

对于客服而言，最头疼的问题莫过于遭遇怒气冲冲的客户来投诉，有的客户克制，但言语也不会好到哪里去，一些过于生气的用户甚至是舌吐脏话、口出恶言，而客服还要礼貌应对，实在委屈。那么，究竟如何才能正确疏导客户的情绪，说服他们接受产品或者售后服务呢？

首先我们得明白，客户生气只是一个结果，并不是他们的目的，所以，第一步必须把客户生气的根源挖掘出来。

客户需要的是解决问题

客户生气的根源无非是产品或者服务低于他的预期，或者出现了故障或者没有兑现购买时的承诺，因此，客服在客户售后投诉的时候，低声下气地道歉是必须的，但是道歉并不是客户真正想要的，他们想要的是你能为他们解决问题。

我有一个朋友，叫小张。小张开了一家电器城，刚好他的店前几天出了点售后的问题，我便以此当案例做一下讲解吧。

某天傍晚一顾客一进门就对小张家的店员咆哮着："我们家的

洗衣机，你说一天内就安排人去解决，为什么今天我在家等了整整一天，没有看见一个人去我家，你为什么骗人？我要投诉，罚死你。今年夏天我在李家店里买空调，他骗了我，工商要罚他们家1000元……”

小张家店员像做错事的小孩愣在那里，眼里含着泪水快要掉下去，她低着头，强忍着。

这时候小张从后门出来，赶紧快步走到顾客面前：“对不起，我不清楚情况，你可以和我讲一下吗？”

“元旦在你们家买了一台洗衣机，震动力特别大，我跟老公讲了，他叫这个女孩打售后电话，后来她说今天给我解决，结果害我白等一天，我不管了，现在我要退货。”

“可以，你可以选择退货，我会安排司机把洗衣机拉回来，把你的钱退给你，请你放心，不会让你有任何损失。”小张赶紧安慰着顾客。

顾客一听小张说可以退货，一下子惊住了，很诧异地盯着小张看。小张转身问店员，关于这台洗衣机的具体情况，原来是因为店员打电话给本地的售后电话，售后部答应当天来，却没有来。小张再返转身面向顾客：“对不起，请原谅，是售后部没有及时来，耽误你使用洗衣机了。”

顾客应声道：“我买洗衣机不是为了退洗衣机，只要你们帮我解决好就可以。”

“谢谢你的谅解，请给我10分钟时间，我来联系一下厂家总部，看他们最快能什么时间到你家，可以吗？”

“当然可以。”

　　小张拿起电话拨通了厂家的电话："喂，你好，我这里有台小天鹅 50-LS2，标价 1398 元的洗衣机出现了故障，顾客是元旦购买的，昨天联系了售后，可是今天一天还没有到，顾客很焦急，买个新洗衣机却不能用，希望你们能尽快解决，可以吗？我们这里这几天天气不是很好，阴冷阴冷的，所以更需要使用洗衣机，麻烦你确定一下售后时间，可以吗？因为顾客知道准确的时间，好安排自己的时间。"

　　"好的，我们会尽快和顾客联系的。"

　　"谢谢你！"

　　"张老板，你做事确实到位，凭你的态度，我不会退货的，我刚刚性急了一点，我误会你们也和李家店一样爱骗人。请你理解我的心情。"顾客看见小张放下电话连忙说道。

　　"我将在 2 天内给你解决好，如果没有解决好，我可以给你换新机，如果你不愿换机，我也可以退货退钱。如果退货的话，我们会派车去拉回来，不要让你受损失。还有一件事，我想和你说明一下，凡在我家购买的东西都是正品，会享受国家的三包规定，请你放心，我绝不会卖次品，你发现了，欢迎你随时去工商投诉我，我认罚，呵呵……"

　　"不退货，只要你帮我弄好就可以，刚刚你打总部电话，我也听见了，你一没有骗我，二也说出了我的心声，今年我家新添了孙儿，衣服爱脏，洗了又难得干，所以特需要洗衣机，谢谢你积极帮我联系。"

　　后来几天后小张打电话到了顾客的家里，确认洗衣机已经弄好了，这才结束了这桩纠纷。其实这只是一件小事情，开店的每天都得面对各种各样的带着情绪的顾客，问题不在于事情的大小，而在于如何疏导顾客的情绪，使其相信自己或者店铺能够帮他解决问题，从而重新建立起销售方与购买方的信任纽带。

在这个案例里其实还是有技巧的，这也是小张在跟我聊天的时候提到的，他说其实他内心不希望顾客退货的，但当顾客情绪激动时，得让顾客安心，顾客需要的就是不蒙受损失，当顾客情绪安抚下来后，他会很讲理的，顾客购买家电就是为了享受，当出现售后问题时，等于顾客是买来"麻烦"，而不是买"享受"。这换着是谁都会很窝火，所以这时得站在顾客的立场上帮顾客考虑，当你一旦帮顾客着想时，顾客就已经开始原谅你了，剩下来的就很好沟通了，人是有感情、有感觉的，没有人会故意不讲理。想要顾客相信你，首先得相信顾客不是故意为难你的。

顾客发飙时，得忍着，等他歇口气时，赶紧抓住机会沟通，此时顾客在气势上就输了一截，此时的沟通会顺畅很多。这时候只要提出合理的解决方案，相信顾客不会故意刁难态度良好的客服人员。

一个人在生气的时候总是容易失去理性与判断力，这时候与他讲理，是得不偿失的，所以客服在面对怒气冲冲的顾客投诉时，首先要疏导他的情绪，其次不能只疏导情绪，还要给出合理、有效、能让顾客认可的解决方案。

营销：用产品亮点吸引用户

从表面到本质

营销也是一门大学问，其中包括很多概念，如4P法则，市场细分，心理分析，行为因素，等等。但是我给你一个产品，你能不能把它的品牌打响？这个问题一旦抛给你，你就明白，你要想的东西远远不止是书里面的内容，你吹得再好，头衔再多也没用，最终是驴是马拉出去跑一圈就知道了。因此，高手总在民间！现在社会上为了混口饭吃的伪学者实在太多太多了。

因此一个样子有点呆呆的创业者跟一个滔滔不绝的管理者是不一样的。一个有平台的操作，跟一个没有平台从零开始的操作，完全不是一码事。

有一些人很聪明的，比如在引导语里面说了很多，然后就总结了："透过现象看本质，知道了为什么就知道该怎么办。"没错，可是笔者深信：即使很多人知道了为什么也是不知道怎么办的。因为看不出思维的深度，看不到思维的方向，也不知道自己认为的为什么是什么的样子，这好比"我知道自己老了快要离开这个世界了，那我能知道怎么办吗？"

关于营销只有两个问题："第一点，你怎么把产品放在别人面前，也就是怎么让别人知道；第二点，别人为什么不选择其他的而选择你的。"

把这两个问题想一个月，和你花一个月时间只去看一本书，效果是很不一样的。

前者更容易让思维着眼于实际：天时，地利，人和，资源链推动，媒介情况，资金运作……由于没有书上内容的条条框框所限制，你更能发散自己的思维，根据实际衍生出很多精准的思考内容，最后你反而可以写出一本书或者更多书。

我们谈的是思维的方向。你读一本书，得到一个总结，只是一个表象的东西，但你应该知道如何得到演象的能力。比如你在困惑怎么去打开市场，假设你没有这个经验（经验是什么呢？它只不过是让你得到一个象而已），这时候怎么办，你可以演象，比如你打开了一个很紧的瓶子，你怎么可以从这个经验中演象出来，从而得到打开市场的经验。花一个月时间去想一个问题，目的在于锻炼一个人的演象能力。只有这个演象能力，你才能终身受用，以不变应万变！

你读了营销的很多书，如果你没有办法把它们联系起来，抓不到共同点，那么你很悲哀，你的脑袋需要等待别人去灌注，也像墙头草，没有形成自己的主见思想。反之当你把握一个思维方法，思维体系，那么市面上的所有书，你的所有经历都是这个体系的补充。

用亮点留住客户的脚步

庞大的商品市场，丰富的产品类型，造就了更加激烈的市场竞争。在产品普遍供过于求的市场大环境下，在营销上吸引客户的眼球，留住客户的脚步成为了无可争议的制胜法宝。

在物质生活日益丰富的今天，满足基本温饱、基本需求不再是人们购买产品时考虑的重点，从饮食到着装，从汽车到房屋，从基本消费品到各类奢侈品，琳琅满目的商品让消费者在选择的过程中开始犹疑，开始彷徨。营销的作用之一在于帮助消费者从众多让人眼花缭乱的产品中发现你的产品，接受并认可你的产品，而产品亮点是最为有效的指明灯。

说到产品亮点我总不免要想起某一次在一个产品展销会上看到的情景。

在展销会上，有A和B两家店铺在卖同一款保温杯，从产品属性来看，他们卖的这一款保温杯没有任何差别，从地理位置来说，经过他们店铺的客流量也差不多，而从价格上来看，店铺B的保温杯标出的价格比店铺A的要高。然而，店铺B的门前聚集了不少的客户，而店铺A则是门可罗雀，就我观察到的实际情况而言，店铺B的客户咨询情况和购买量也比店铺A的要高出几倍。

出于好奇，我以顾客的身份咨询了两家店铺的产品。最后发现，这种差异和他们的营销人员对产品的描述有很大的关系。

店铺A直接将保温杯样品拆开，放在货品陈列台上，在向顾客介绍保温杯的时候，仅仅只是针对产品的厂家、属性等进行的基本描述；而店铺B的营销人员则为样品准备了一个专门的展示柜，展示柜的设计突出了保温杯的外形特点，在产品描述上，营销人员淡化了教科书式的产品基本情况描述，而是选择在产品的安全性上做文章，强调"病从口入"的观念，并结合该款保温杯的特点，突出产品质地的安全性。

　　理所当然的，从消费者的心理角度而言，B 店铺营销人员为产品所做的介绍更能够吸引顾客，其销售额自然也会比 A 店铺高。

　　这是一个比较典型的事例，但确实也让我们看到了产品营销过程中突出产品亮点的重要性。在同等情况下的销售，产品亮点往往是第一时间抓住客户注意力的关键。

在客户的需求中挖掘产品亮点

　　营销的目的在于提升销售量，如何提升销售量？产品用户是关键，找到你的产品用户群体，然后有针对性地进行产品推广，才能够让你的目标客户群体看到产品的亮点、了解产品、认知产品，从而购买产品。

　　产品亮点的寻找，除了需要根据产品本身的情况来确定外，还需要结合客户的需求，离开客户需求的产品亮点往往不能称其为亮点，因为它本身是很难起到吸引客户注意的作用的。

　　打个比方，当你销售某个 DIY 个性定制产品时，如果你的客户是单身，而你一直在跟她说这个产品在某个地方的设计上如何突出了"情侣礼物"的特性，那么对于这位客户而言，该产品的"情侣礼物"特性是否能够成为吸引她的亮点？当然不太可能！但是如果你转个方向，从单身客户对爱情的渴望这一需求点出发，挖掘产品中相对应的特性来进行产品推销，那么该特性就必然能够成为吸引这类客户的亮点。

　　用户对产品的关注点有很多，比如质量、外观、价格、安全等，而每一个用户的侧重点也不一样。因而，营销人员需要针对目标消费者进行深度了解，挖掘出目标用户对该类产品的关注点，将这些关注点按照重要程度排序，再对照产品的各项优势，尤其是产品的核心优势，寻找二者相互匹配的点，而这个相互匹配的点，就是产品吸引目标用户的最大亮点。

利用产品概念，创造产品亮点

产品营销失败的原因各不相同，但成功却有着一定的共性。营销大师菲利普·科特勒曾经说过："产品最大的成功因素在于产品本身独一无二的品质，即质量好、特色新、使用价值高。而另一个成功的关键因素是界定明确的产品概念。"

产品概念是产品生产者或销售者想要注入到顾客脑海中的关于产品的一种主观意念，通俗一点说，就是从消费者的角度，利用消费者的语言来描述你的产品。从本质上而言，产品概念突出的是产品卖给消费者的利益点，也就是说，它能够满足消费者的哪些需求点。任何产品都有其市场存在的理由，这些理由是因为消费者对该产品的利益存在着一定的需求。

因而，利用产品概念进行营销时，最重要的是要找准消费者的需求。产品营销人员需要根据产品的主要目标对象，定义出符合产品本身特性以及消费者需求的产品概念，在消费者脑海中植入新概念，让他们接受新概念，从而对产品产生新鲜感和购买的兴趣。比如，奥利奥饼干，它最为人所熟知的就是那"蘸着牛奶更好吃"的新概念。

在营销发展史上，产品概念是不断发展变化的，从最初的以某种物质特性作为产品概念，比如福特公司只生产黑色汽车，到后来的通过款式、品牌、包装、售后服务等形成的产品概念，比如，农夫果园的"喝前摇一摇"，农夫山泉的"有点甜"，海尔的"亚健康""全数字全媒体"等概念，产品概念已经逐渐从不完整走向完整。对于营销人员而言，这是大有裨益的，只要制造创新性的的产品概念，将其简单明了地传达给消费者，必然能够创造出产品的亮点，凭借亮点，让消费者明确地记住你的产品，消费你的产品。

　　分析目标用户的需求，根据你的产品特色，寻找产品中能够吸引用户的最大亮点，才是营销的核心所在。

策划：用平庸去征服挑剔的甲方

读懂甲方的逻辑

对于在乙方做策划的朋友来说，最头疼的莫过于挑剔又毫无艺术细胞的甲方了，偏偏他们还是拍板策划案可行与否的最终决定人。

那么，如何才能做出符合甲方心意的策划案呢？首先得了解甲方的逻辑。

甲方的逻辑很严密：我不喜欢这个设计。什么，你说我不懂艺术？好吧，我承认你说的有道理，可问题是我的大部分客户像我一样不懂艺术，我得确保他们能看懂。

这其实还是一个市场营销最永恒的问题：你的一切行动，是否对准了客户需求。甲方都是遵循这个思路行动的，而且希望乙方也这样，当然，同时兼顾艺术性更好。如果不能兼顾，那就直白点吧。

如果可以把关键信息用红漆直接刷在客户门前的话，我想大部分甲方会毫不犹豫地这么干。

当然，这还只是甲方审稿时第二需要考虑的因素。

委托人先考虑的是自己的安全

我有不少朋友都在甲方公司任职，他们经常给我说起做甲方的难处，而我也由此明白了为什么策划案这么难通过。

首先我们要明白，甲方不是一个人，是一群人，而且是一群各怀鬼胎的家伙。一次比稿的选择，往往不是取决于一个人或者几个人，而是方方面面的关系方。因此，很多时候，对于一个案子，即使可以自己拍板做决策，负责人也会尽量让所有项目相关人员都参与进来。市场部、品牌管理、PR……各级老板，还有各级老板很赏识的一些和项目无关的部下。一间会议室挤得满满当当都是人，才开始一页一页放 PPT 做讲解。光是协调会议时间，就足以让人心神疲惫。

更别提邮件往来，要放更多的人在 loop（循环）里面，让他们都看到整个讨论过程。往好了说，这叫作集思广益；往阴暗了说，这叫风险均摊。

曾经有些年轻人，凭着自己高明的艺术天赋，武断拍板选择方案。然后在执行落地期间遭遇了重重指责，随时可能有一个人跳出来，说你当初不这样那样，让他流下悔恨的泪水。所以最安全的做法是把大家都拉进来。最终的稿子，可是大家都看过的。如果出了什么问题，可不是我一个人的责任，你当时在会上为什么不说呢？

可问题就来了，每个人都会发表意见。有的意见来自业务人员，觉得这个设计不能满足客户需要；有的意见是个人口味上不喜欢，有的意见是觉得这个设计很好，但是有风险，我们尽量平庸也不要冒险，否则擦屁股的是我又不是你们。甚至有的意见，是觉得我必须得提点什么意见，否则岂不是太没存在感了？

众口难调，众说纷纭，会有无数的意见罗列出来，每一个都必须予以重视。最终大家疲惫不堪心力交瘁，耐心也差不多磨光了，只好彼此做出妥协，摊开双手说行了我看就这样吧，一个一个离开会议室。所以最终形成的意见，往往不是精益求精的修改，而是一个多方都不满意但都勉强妥协至少没有人觉得被忽视被得罪的方案。不是皆大欢喜，是皆不生气。

平庸的案子更容易通过

为什么甲方没有审美，为什么会对乙方提出匪夷所思的修改意见，为什么要反复地提、不停地改？这就是根源所在。

那么鉴于此，乙方的策划在设计案子的时候，还是不要放任自己的才华与想象力策马奔腾，以追求四平八稳、风险较小的设计为妥。

乙方是服务方，不是一个自由发挥的地方，因此每一个策划都必须明白自己的职责与义务——服务甲方，做出让其满意的案子。只要明确目的，深挖甲方的真实诉求，相信能在一定程度上大大提高通过率。